GONGDIAN YOUZHI FUWU YIBENTONG

供电优质服务一本通

国网河南省电力公司营销服务中心　组　编

主　编　孙合法　王黎冬　王予疆　王　峻　张　侃

副主编　邵永刚　李　雍　刘启明　肖　珂

中国电力出版社
CHINA ELECTRIC POWER PRESS

内 容 提 要

为认真落实国家电网有限公司"一体四翼"发展战略布局和建设世界一流企业提出的新任务、新要求，推动公司优质服务工作再上新台阶，国网河南省电力公司营销服务中心编制了本书。本书分为行为规范和业务指导两部分，收录了供电优质服务涉及的各方面知识点和典型案例，旨在为供电服务员工提供一份全面、系统的服务指南，以提供更加优质、卓越、高效的服务，不断增强客户用电获得感和满意度。

本书适用于供电服务各级管理人员、供电服务一线员工，对从事其他行业的服务人员也有一定的启发意义。

图书在版编目（CIP）数据

供电优质服务一本通/国网河南省电力公司营销服务中心组编；孙合法等主编．—北京：中国电力出版社，2024.4（2024.7重印）

ISBN 978－7－5198－7478－0

Ⅰ．①供…　Ⅱ．①国…②孙…　Ⅲ．①供电—工业企业—商业服务—河南　Ⅳ．①F426.61

中国国家版本馆 CIP 数据核字（2024）第 050615 号

出版发行：中国电力出版社
地　　址：北京市东城区北京站西街 19 号（邮政编码 100005）
网　　址：http://www.cepp.sgcc.com.cn
责任编辑：牛梦洁（010－63412538）
责任校对：黄　蓓　朱丽芳
装帧设计：赵丽媛
责任印制：吴　迪

印　　刷：北京盛通印刷股份有限公司
版　　次：2024 年 4 月第一版
印　　次：2024 年 7 月北京第二次印刷
开　　本：787 毫米×1092 毫米　16 开本
印　　张：10.5
字　　数：224 千字
定　　价：35.00 元

前言
PREFACE

优质服务是供电企业生存和发展的生命线，是企业的无形资产，也是一个全方位、多层次、多角度、全过程、全员参与的系统工程。为认真落实国家电网有限公司"一体四翼"发展战略布局和建设世界一流企业提出的新任务、新要求，推动公司优质服务工作再上新台阶，国网河南省电力公司营销服务中心组织相关专家精心编制了本书。全书分为行为规范和业务指导两部分，收录了供电优质服务涉及的各方面知识点和典型案例，能够让供电服务员工深刻领悟优质服务的本质，全面了解服务知识和关键技巧，以提供更加优质、卓越、高效的服务，不断增强客户用电获得感和满意度。

第一部分行为规范。第1章是服务与供电服务认知，服务方面介绍了服务意识的重要性，如何增强主动服务意识，优质服务的标准，培养优良服务态度要点，提高服务质量"五要素"和优质服务通用技巧。供电服务认知方面介绍了供电服务的重要作用，供电服务存在问题及提升措施。同时，提到了服务品牌认知重要性，供电企业服务品牌构建的必要性及实施方式，"豫电""电e金服"等系列供电服务产品介绍和功能作用。第2章详细进行了用电客户心理及行为分析，按照发泄型、公平型、尊重型等不同心理的客户群体，分别介绍性格特点，进行心理描述及行为表现分析，给出应对技巧。提升客户服务能力举措方面对一系列供电产品服务路径进行了文图展示。第3章通过投诉处理基本原则、投诉处理"六大要领"、投诉处理通用妙法、投诉处理流程、投诉处理沟通技巧、投诉僵局处理技巧、投诉处理忌讳和投诉双方情绪疏导等内容，加上场景还原模拟对话，非常细致地介绍了投诉处理技巧。第4章介绍了供电服务礼仪定义、意义和通用服务礼仪规范等内容，着重明确了仪表、仪态、服饰的禁忌、基本要点，并配以示例和规范图片进行视觉引导。

第二部分业务指导。第5章对服务意义和指导思想进行了阐述，对面临的问题和管控方向进行了分析，第6章风险管控梳理了风险点，提炼出典型案例，具体包括通用风险防范、营销风险防范、窗口服务风险防范、生产风险防范、建设风险防范、法律风险防范和供电服务舆情风险防范。第7章重点对供电服务投诉管控进行着重介绍，包括客户投诉的原因、目的、价值、分类，处理供电服务投诉的处理原则、流程，供电服务投诉典型案例等。第8章服务事件应急处置分别对负面事件化解不作为、客户诉求处理不当、新闻舆论应对不及时、自然灾害风险、电力设施事故、突发社会安全事件六个方面进行风险描述并提供政策依据。

本书旨在为供电服务员工提供一份全面、系统的服务指南，帮助读者更好地理解供电服务，了解各种服务风险可能导致的后果，在需要的时候能够积极运用书中所提供的知识和技巧，应对复杂的服务情况，并结合工作实际不断提升服务质量，创造更多的服务价值，与客户建立真诚的关系，树立公司良好的服务品牌形象。

不断学习与实践，才能在激烈的市场竞争中立于不败之地，为电力行业的繁荣发展做出自己的贡献。愿这本书能够成为您职业生涯中一位得力好友，为您的工作带来新的启迪。

祝您阅读愉快，服务进步！

编者
2023 年 8 月

目 录
CONTENTS

第二部分　业　务　指　导

第一部分 行 为 规 范

第1章 服务与供电服务认知

1.1 服务认知

1.1.1 服务意识

客户服务是一种理念，更是一种责任，每个服务人员都应该树立超强的服务意识。树立超强的服务意识是做好客户服务的首要前提，拥有超强服务意识和超强行动力的服务可以轻松获得客户的满意评价。

1. 重要性

服务意识是指服务人员为一切与企业利益相关的人或事情所提供的热情、周到、主动的服务欲望和意识。它发自服务人员的内心，是服务人员的一种本能和习惯，是可以通过培养、教育训练形成的。

当今市场竞争越来越激烈，消费者的维权意识也在不断加强，越来越看重服务态度和享受服务质量，因此服务意识就显得尤为重要。它是提升服务效率和质量的前提，是提高企业竞争力的关键。随着电力体制改革的深入，供电企业在市场竞争中，已不单纯是产品之间的竞争，更主要的是服务质量的竞争，面对市场的不断变化，供电企业只有不断深化服务意识，提供优质服务，树立良好企业形象，才能提高企业的经济效益和市场竞争力。

2. 增强主动服务意识

主动服务意识是指企业全体员工在同一切与企业利益相关的人或团体交往中，所体现出的自觉主动做好服务工作的一种观念和愿望。对于工作在服务岗位的员工来说，服务意识不仅代表了其自身的职业修养，更能折射出一个企业的管理理念。

服务人员的服务意识影响着客户的满意度，淡漠的服务意识会降低客户满意度，造成客源流失，反之亦反。在一般情况下，一个重视服务、不断改善服务品质、提高服务质量的员工，往往能与企业实现互赢，员工在得到企业重用、实现人生价值的同时，其优质服务也能为企业赢得口碑，从而提高企业市场竞争力，为企业发展创造更多效益。要想增强主动服务意识，首先要做到以下几点：

（1）确立职业意识。我们每个人的工作岗位即是一份职业，拥有职业意识才能培养出平衡心理和平常心态，摒弃工作中的攀比心理和烦恼杂念，以轻松愉悦的心情面对客户，更能够提供高质量的服务。

（2）培养服务意识。工作中要保持热情、耐心、周到，以最便捷有效的方式解决客户问题，让客户满意。推诿搪塞客户诉求、让客户为一项业务来回跑的行为是不可取的，为此，国家电网有限公司提出"一口对外、首问负责、一次性告知、限时办结"等制度，实施"线上一网通办、线下一站式服务"等举措。

（3）强化责任担当。要想提升主动服务意识，就要敢于担当，增强岗位责任意识，真诚主动地为人民服务、为基层服务、为企业服务。首先要认真履行岗位工作职责，保质保量地完成岗位工作任务，其次要遵守劳动纪律，工作期间不私自离岗，上下班遵守规章制度。这也是提高服务质量的重要内容。

（4）学会换位思考。作为服务人员，要想提升主动服务意识，还必须学会站在客户的角度看问题，如果自己是客户，最希望得到什么样的服务。只有换位思考，才能设身处地为客户着想，进一步做好服务工作。

（5）经常自我反思。作为一名服务人员，要想做好服务工作，就必须有"吾日三省吾身"的觉悟和勇气，要经常反思自己工作中的失误点并予以改正，同时也要善于总结自己工作中的优点予以坚持，争取让自己变得越来越优秀。

（6）坚持团队协作。要提升主动服务意识，还必须重视团队协作，都说团结就是力量，一个人的力量很有限，多人的力量将会发生巨大作用。企业的服务意识能否提升，绝不是一个员工能够实现的，只有大家齐心协力，才能把服务工作做好。

1.1.2 优质服务的标准

1. 定义

优质服务指在符合行业标准或部门规章等通例的前提下，所提供的服务能够满足服务对象的合理需求和正常期许值，保证一定的满意度。优质服务是从消费者、客服、办事群众的利益诉求出发，完善服务理念、规范服务操作、提高服务质量。

当客户面对不同层级的服务时，对服务的要求是不同的。如能够满足服务对象提出的合理要求，以其不产生或增加新的负面情绪为基准的服务视为"满意服务"；能够满足服务对象的基本要求，从多方面使服务更加完善到位、消除服务对象的不良感知，并获得一定好评的服务时视为"舒适服务"；能够从服务对象的角度和利益出发，既满足客户当下的服务需求，也能够预见客户尚未考虑到的未来需求，并能提供与之相匹配、周到细致的服务视为"惬意服务"。

2. 服务流程标准化

（1）确定服务流程目标，要明确需要流程化的服务项目及目标，例如提高客户满意度、减少流程耗时等。

（2）明确服务流程步骤，将每个服务环节划分成具体步骤并制定标准操作流程，例如接收客户需求、确认服务内容、安排服务人员等。

（3）建立服务流程图，将每个服务步骤通过图表等可视化形式展示，方便了解整个服务过程及流程。

（4）明确服务角色及职责，确定每个服务环节中的责任人员及其职责分工，确保服务流程能够被顺畅执行。

（5）制定服务流程标准操作规范，根据服务流程的标准，对每个服务步骤进行规范，以确保服务流程的效率和标准化。

（6）持续优化服务流程，服务流程化是一个不断优化的过程，每个服务流程的执行都需要时刻审视，及时发现问题并加以改进。

1.1.3 培养优良服务态度

1. 意义

优良的服务态度是现代企业管理中不可或缺的部分，它对企业在市场竞争中的地位、品牌形象和服务质量等方面都有直接影响。培养优良的服务态度可以提高员工的职业素养，帮助员工更好地履行工作职责，从而更好地为客户提供服务，提高客户满意度，增强客户的忠诚度，带来更多的业务机会和口碑效应，同时也有利于企业树立良好的服务形象，提升品牌知名度。

2. 培养要点

服务态度是反映服务质量的基础，一个良好的服务态度可以让客户感受到温暖，培养要点如下。

（1）培养员工服务意识。让员工认识到服务意识的重要性，并激励他们发挥主观能动性、积极主动为客户提供更好的服务，并将客户的满意度视为服务成果的标准，始终对客户负责。

（2）提高员工沟通技巧。沟通是服务的基础，员工需要具备良好的沟通技巧，包括表达能力、倾听能力、口头和非口头沟通等。

（3）培养员工细节把控能力。员工应该把注意力放在细节上，尽可能了解和满足客户的需求，为客户提供完美的服务体验。例如：员工能够及时掌握市场活动、产品优惠、公司政策等信息，并能够为客户提供准确、快速、有效的细节内容。

（4）激发员工创新能力。通过各种方式激发员工创造力，如奖金、升职、表扬、意见采纳等，让员工积极主动地开展服务工作并发挥创新能力。

1.1.4 提高服务质量

服务是现代企业的核心竞争武器与形成差异化的重要手段。优质服务质量是降低客户流失率和赢得更多新客户的有效途径，不仅能够促进企业利润的持续增长，也有助于企业通过获取反馈信息进行指导决策。

1. 服务质量 "五要素"

（1）可靠性，指企业准确可靠地履行服务承诺的能力。《国家电网有限公司供电服务

"十项承诺"（修订版）》从供电质量、获得电力等各方面作出了相关规定。

（2）响应性，指企业随时准备为客户提供快捷、有效服务的能力。国家电网有限公司提供24小时电力故障报修服务正是这一要素的具体体现。

（3）专业性，指服务人员胜任工作的能力。它能增强客户对企业服务质量的信心和安全感，这就要求员工在服务中不仅要以友好、和善的态度对待客户，更要有解决客户问题所必备的专业技能。

（4）主动性，指企业要给予客户主动关怀和个性化服务，了解客户实际需求。近年来，国家电网有限公司推广的小微企业"三零"服务，依托"网上国网App"提供业务线上居民"零证办"、企业"一证办"、线下"扫码办"等服务，以及"万人助万企"惠企政策、"供电＋社区"双网格服务新模式等举措充分发挥了服务主动性。

（5）延展性，指伴随着市场需求不断延展服务产品。近年来，国家电网有限公司大力推动电动汽车充电基础设施建设，加快拓展分布式光伏发电项目等举措都是企业服务延展性的体现。

2. 提升措施

（1）加强员工技能培训。开展专业的业务培训和指导，帮助员工掌握产品和服务细节，改进工作流程和技能，提升服务水平。

（2）建立服务标准流程。制定并规范服务流程和标准，防止疏漏和服务漏洞，为客户提供高品质、高满意度的服务。

（3）加强团队协调合作。鼓励员工加强团队沟通交流，协调配合不同部门职能间的合理调度，有效提高服务质量。

（4）使用领先技术设备。有效利用最新技术、设备和服务工具，为客户提供更高效、更智能化的服务，例如"95598"客户服务热线、智能客服机器人等。

（5）设立满意度指数。了解客户的需求和服务体验，制定客户满意度指标，及时收集、汇总并梳理客户的意见和建议，采纳合理建议来优化服务内容及流程，确定关键问题，及时进行短板补齐，并跟踪结果。

1.1.5　优质服务通用技巧

（1）主动关心客户。必须了解客户渴望得到关注的心理，要在沟通过程中适当表达对客户的关心和体贴，在迎合客户需求时要提供情绪价值，做到"真心、用心、耐心"三心服务，以此来帮助客户、感动客户、留住客户，这是创造优质服务的关键所在。

（2）迅速响应诉求。它是保证优质服务的前提，要做到一天24小时随时响应客户诉求，并且能够迅速有效地解决问题，避免带给客户不良服务体验。

（3）解决客户问题。服务的本质就是为客户解决痛点、难点问题，要充分借助产品、服务甚至是创意切实解决客户问题。完美地解决客户需求正是优质服务的体现。

（4）真诚服务客户。要树立"真诚服务，共谋发展"的服务理念，多从客户的角度思考问题，避免生搬晦涩难懂的专业术语应付客户，通常情况下通俗易懂的回复方式更能赢得客户的积极回应，同样当客户不理解电力政策法规或工作流程时，要耐心解释，尽量达到客户满意。要摒弃机械化工作模式，从"心"出发解决客户诉求。

（5）创造非凡体验。电力产品及服务足够优秀，不仅能够为客户创造非凡的消费体验，而且会赢得客户口碑，并让客户主动为企业品牌做宣传。比如国家电网有限公司推出的"网上国网 App""刷脸办电"等功能真正提升了客户体验，这项便民办电服务举措显著提高了企业的市场影响力。

1.2 供电服务认知

供电服务是指电力公司为用电客户提供的一系列电力服务，包括电力供应、电力质量保障、电力安全管理、电力维护等。电力是现代社会不可或缺的基础能源，供电服务的质量直接关系到人们的生产生活质量和社会经济发展水平。

1.2.1 供电服务的重要作用

随着社会经济的发展和科学技术的进步，供电企业要想得到良好发展，只有不断强化企业服务意识，将电力客户放在所有工作的中心，将强化优质服务建设作为企业发展的出发点，才能确保企业的长远发展。在电力生产传输和使用的过程中，供电企业发挥着连接电力生产和使用的传输作用，其服务质量和服务水平是一个社会文明程度的重要标志。同时，面对日益激烈的市场竞争，供电企业必须从电力客户的实际需求出发，获取客户认同，不断提高客户对企业的满意度和忠诚度，为电力客户提供更加优质的服务，才能在市场中占据更加有利的位置，从而促进我国电力产业持续稳定发展。

1.2.2 供电服务存在问题及提升措施

优质供电服务是供电企业发展的原动力，在市场化经济时代的不断变迁中，供电企业提供优质供电服务的意识有了很大提升，服务质量和水平有所提高，企业形象有所好转，客户和社会的认可度有所提升，但是仍然存在一些问题。

（1）供电服务宣传有待加强。各项政策法规宣传不到位，部分客户对投资界面、产权责任划分、收费项目和标准等存在误解，对供电服务工作不能充分理解与支持。面对这种情况，服务人员只能保持微笑服务，对客户的需求束手无策。

提升措施：拓展宣传渠道，不仅要通过广播、电视、报刊、网络等新闻媒体进行宣传，还要主动走进社区、企业等，征得客户理解和支持。广泛宣传电力法规政策、供电服务范围和相关规定，有序用电、安全用电、科学用电知识，大力宣传供电企业为服务经济建设、服务社会发展、服务人民群众方面所做的大量工作及检修、故障、节假日和重要活动保电等服务要闻。

（2）电力基础设施建设有待完善。在电网发展过程中，城乡供电水平存在较大差距，部分偏远地区线路供电半径长，运维环境复杂，电力基础设施建设不完善，跟不上发展需求，给可靠供电及服务带来巨大压力。

提升措施：供电企业应不断发现电网薄弱点，通过改造、新建线路及提升运维手段建立一个结构合理、供电可靠的现代化电网。加大电网建设和运行维护方面的资金和技术投入，通过利用标准化、智能化手段，减少故障停电次数，保障线路、设备可靠供电。

（3）员工服务水平有待提高。部分服务人员存在观念陈旧、服务意识淡薄、技巧欠缺、责任心不强、业务能力不足等问题，不能快速高效满足客户需求。

提升措施：通过班组学习、脱产集中培训、技能比武等形式加强员工业务教育培训提高员工技能水平。增强员工服务意识，树立员工以优质服务求生存的思想，要求员工不仅要熟练掌握先进设备技术，而且面对客户要做到耐心周到、细致入微，提高客户满意度。明确目标任务，强化员工监督考核，认真查找服务"短板"并加以改进，消除供电服务工作中的死角。

（4）客户对供电服务的需求日益增长。客户对电力供应的安全性、稳定性、可靠性需求更高；对供电服务的专业化、个性化期待需求更精准；对供电服务的响应速度、效率需求更高效。

提升措施：供电企业应牢固树立"以客户为中心"的服务理念，在提升供电服务水平的同时创新服务方式，变被动服务为主动服务，为客户提供"一站式"上门服务等，不断完善服务体系与功能。此外，供电企业要加强电网设备维护，提升电网智能化运营管理水平，合理安排电网运行方式，确保供电质量的安全可靠。

1.3 服务品牌认知

1.3.1 重要性

服务品牌是指在经济活动中，企业通过商品或劳务的服务过程来满足消费者心理需求的一种特殊品牌形式。

相对于有形产品，服务产品是无形的，服务产品的质量具有无形性、多变性和不稳定性，客户在购买时面对无形和抽象的服务产品，选择起来难度更大。因此着力创建服务品牌，通过品牌传递企业的特色、理念和文化到客户，就显得尤为重要了。在市场营销快速发展下，许多行业都将服务品牌作为关注的核心，并致力于打造服务品牌，如国家电网有限公司推广的"阳光业扩"、别克汽车打造的"别克关怀"、方正科技塑造的"全程服务"等。成功打造优质服务品牌，是众多企业正在努力的目标，而客户服务是优服服务品牌的一个关键组成部分，有时甚至比产品本身还重要。如果企业能够提供"品牌化"服务，让服务不仅成为品牌的助推器，更让服务本身成为一个强大的品牌，那么企业在市场竞争中必将赢得巨大的优势。

1.3.2 供电企业服务品牌构建

1. 构建必要性

当今社会对供电企业确保安全、稳定、优质、高效供电的要求提高，电力营销市场的竞争也日渐激烈。供电企业要想在市场竞争的浪潮中立于不败之地，就必须打造全新的服务理念和服务品牌，创建具有行业特色的服务品牌，才能树立供电企业新形象，从容应对已经到来的激烈竞争。

（1）服务品牌建设有利于展现企业核心价值。供电企业要想切实发扬"努力超越、追求卓越"的企业精神，建设"以人为本、忠诚企业、奉献社会"的企业理念，必须将优质服务定位在体现企业核心竞争力和企业形象上，做到服务理念追求真诚，服务形象追求品牌，服务品质追求一流，为电力客户提供方便、快捷、满意的服务，从而带动企业服务意识和服务水平的提高。

（2）服务品牌建设有利于提高企业竞争力。品牌建设是企业软实力的重要组成部分。一方面，成功的服务品牌建设能将企业的核心理念与企业发展、社会需求相结合，更好地贴近客户需求；另一方面，服务品牌建设能帮助企业更好地实现产品定位，明确产品服务方向，从根本上提高产品质量及企业发展水平，打造符合自身特色、符合市场经济需要的现代化企业。

（3）服务品牌建设有利于实现企业可持续发展。服务品牌是企业无形资产的重要表现形式，能够增强企业发展动力，推动企业可持续发展。对客户来说，服务品牌建设能够在很大程度上增加消费者对企业的认可程度，提高消费者对企业产品的需求。对员工来说，企业特有的服务文化氛围能够激发职工的主观能动性，让广大员工在共同价值观的带领下统一奋斗方向，并吸引更多的人才加入服务品牌建设的团队中。

2. 构建实施方式

（1）创新管理模式。客户的需求是企业生存之本，满足客户的需求，需要供电企业各部门之间相互协同，从管理模式、管理机制上解决部门间的协调配合问题，消除"本位"思想，是企业核心竞争力之一。供电企业适应市场需求，实施管理创新战略，成立客户服务中心直接面对客户，代表客户的利益，将客户的合理要求迅速、准确地传达到供电企业的每一个相关部门，并以此监督、考核这些部门的工作，同时也接受对方的监督，形成了以营销为龙头、以市场为核心的管理创新模式。

（2）强化服务意识。根据市场变化和客户需求，建立一站式服务机构，方便客户办理手续；针对大客户实施"万人助万企"惠企政策，铺设用电绿色通道，并制定管理办法，以服务方式强化服务意识；动员一切力量，充分利用电价优惠政策促进用电量增长，以质量和服务赢得市场，探索出一条适应电力市场的营销之路；不断推进服务体制创新，最大限度地为客户提供满意服务，电力供应、故障抢修、业扩报装等业务严格遵循国家电网有限公司相关规定；现场服务文明守纪，以积极、主动、热情的态度处理客户诉求，不足之处虚心接受并诚恳改正，使各项工作更加完善。做到真正关怀客户，以值得信赖的伙伴形象打入现有客户及潜在客户的生活中，多为客户考虑、尊重客户选择，让客户从被动接受转变到双方互动，是供电企业服务水平提升的一个标志。

（3）建立监督机制。要想创建供电企业服务品牌，必须建立科学完善的管理制度，依靠制度处理日常事务。同时还要有严格的监督管理体制，来确保相关制度的贯彻落实。从上到下，逐级建立党政一把手总负责，分管领导亲自抓，业务部门具体负责，全员参与的行风建设领导体制和工作机制。建立严格的行风建设监督机制，按照"三不放过"❶ 原则，严肃处理在电力市场交易和供电服务中出现的违规违纪行为，从而有效地增强员工的优质服务意识，保证优质服务工作的顺利开展。

1.3.3 供电服务产品

1. "豫电" 系列

（1）"豫电管家"。

产品介绍：国网河南省电力公司官方服务平台，简称"豫电管家"，是国网河南省电力公司属地化电力服务品牌，为河南省电力客户提供交费充值、业扩办电、电量电费可视化、停电信息可视化、办电进程可视化、抢修进度可视化等电力服务。

目标客户：所属电力客户。

功能作用："豫电管家"提供线上办电、企业实名认证、电费代扣签约及自动交费、故障报修在线申请、抢修进度实时查询等服务，重点解决企业用户电费线上交费、自动清分、结算及对账，有效推动企业电费回收效率，提高营销电费自动化对账水平。

（2）"豫电小哥"。

产品介绍："豫电小哥"是国网河南省电力公司推出的一款智能服务机器人，将"豫电小哥"加入客户经理的网络服务微信群中，依托微信智能服务管理平台，实现微信群中客户诉求自动识别、响应及传递，客户经理及各层级管理者通过平台实现微信群管理、客户诉求快速处理和监管、快速信息发布等功能。

目标客户：所属电力客户。

功能作用：作为微信群智能机器人，实现客户微信群统一集中管理，自动记录并回复客户提出的电力问题和需求，提高客户经理的响应速度，持续进行跟踪，提升网格化服务宣传效率。

（3）"我要找电工"。

产品介绍：鉴于部分城乡用电客户在办理停电报修、用电报装或电费交纳等业务时，不知道"如何找人、如何第一时间找到人"的情况，国网河南省电力公司利用手机微信功能创新研发的"我要找电工"小程序，自动获取地理位置，用电客户打开聊天页面后便显示所处区域的电工（客户服务经理）头像、联系方式，用电客户可直接联系电工获取用电服务。

目标客户：所属电力客户。

功能作用：通过定位或地图选点即可显示该网格区域客户服务经理头像和联系电话，方便客户一键报修，实时查看报修进度，实现客户和客户经理"快速结对、高效服务"。

---

❶ "三不放过"：违规者不受到处理不放过，未对相关人员进行教育不放过，未针对违规现象暴露出来技术和管理上薄弱环节制定整改措施不放过。

2. "电e金服"系列

(1)"电e贷（微电贷）"。

产品介绍："电e贷（微电贷）"是国网电商公司（国网金融科技集团）联合优质金融机构共同为中小微企业提供的电费融资服务，可快速获得银行审批额度，满足企业在电费交纳及生产经营过程中"额度小、频次高、用款急"的短期融资需求，贷款资金可用于交纳企业电费，部分用于生产经营。

目标客户：中小微企业客户。

功能作用：全线上、纯信用、低成本，立足电网主营业务，企业客户凭借历史用电和企业社会信用，通过"网上国网App"可直接申请贷款，方便安全。

(2)"电e盈"。

产品介绍："电e盈"是针对大型企业客户提供的"电费增值＋智能交费"创新型电费交纳服务，打造注册、充值、交费、查询等一站式服务新体验，企业将电费资金存入"电e盈"账户，即可享受电费自动交纳，同时还可享受资金增值，满足企业多样化的电费交纳需求，降低企业电费交纳的综合成本和现金风险。

目标客户：大型企业客户。

功能作用：风险低、收入稳。客户使用"电e盈"业务时，一方面可以享受远高于银行活期利率的增值收益，实现电费增值最大化。另一方面，"电e盈"可绑定企业名下多个用电户号，根据企业用电情况进行电费自动代扣。

(3)"电e票"。

产品介绍："电e票"是国家电网有限公司为广大企业提供的一款"交费＋票据融资"的电费金融产品。企业通过"电e票"可将新开立或持有的电子银行承兑汇票进行贴现，定向用于交纳电费。

目标客户：持有电子银行承兑汇票的、有电费交纳需求的高压用电企业。

功能作用：纯线上，用户仅需完成票据背书转让并支付贴现息即完成全部操作，无需提交任何贴现审批手续；高效率，从客户下单到票据变现交纳电费最快需30分钟；低成本，"电e票"通过与银行采用"总对总"业务合作模式，较市场贴现利率平均低0.2个百分点，大幅降低企业融资成本；无门槛，对企业无资质限制，只要企业有票就可办理业务。

(4)"e企交"。

产品介绍："e企交"旨在解决企业客户无法使用"电费网银"平台进行线上支付的交费问题，可实现"无法使用企业网银支付"或"企业开户行暂未在电费网银支持的银行列表中"的客户线上申请"虚拟卡"并签约户号，向虚拟卡转账后自动销账。拓宽客户交费渠道，资金更快到账，减少资金转账限制和提升资金管理风险。

目标客户：未开通企业网银、开户银行不在电费网银直连银行目录或线下转账交费的客户。

功能作用：线上申请、线上签约，实时销账，无开户行及支付方式限制，能够有效解决省级电费账户集中自动销账问题，防范化解线下配发虚拟卡资金管理风险。

　　未来，伴随着新型电力系统建设的深入推进，供电服务产品更新迭代的需求会愈发强烈，更加趋向于数智化、普适化发展，供电企业必将迎来更加广阔的发展空间，人们会享受到更加安全、高效、智能的供电服务。

　　国家电网有限公司将持续推进业务数字化转型，赋能新型电力系统建设，深入贯彻"三融三化"❶工作要求，创造性引入数字化新技术流程机器人（RPA），利用"业务＋人工智能"的手段，根据班组实际需求研发流程机器人（RPA），简化、处理日常工作中重复频次高、工作机械性强、录入时间长的工作，提高一线人员工作效率，助力营销工作快速实现数字化转型。例如：国网福建省电力公司已经实现利用RPA技术手段将自然灾害类报备由人工发布转变为系统自动报备，同时完成内网系统上传和外网微信群信息传递，提升报备时效性，降低人力消耗，充分运用"业务＋人工智能"手段减负基层。

---

❶ "三融"：融入电网业务，融入生产一线，融入产业动态；"三化"：推动架构中台化，数据价值化，业务智能化。

第 2 章　用电客户心理及行为分析

在电力营销服务领域，服务人员面对的是来自不同社会阶层、具有独立思维和行为特征的电力客户。提供优质服务不仅是企业的责任和使命，更是企业发展的关键所在。但客户心理需求、用电目的及行为特征千差万别，即便拥有专业的知识和口才，也不一定满足客户的实际需求。因此，多角度分析电力客户心理特征和用电响应。只有了解不同客户之间的差异、分析不同客户的用电需求，有针对性地优化完善服务体系，才能更好地为客户提供更精准的服务。

2.1　用电客户分类

2.1.1　分类意义

电能既是一种经济、实用、清洁且容易控制和转换的能源形态，又是电力部门向电力客户提供由发、供、用电三方共同保证质量的一种特殊产品。电能被广泛应用在动力、照明、化学、纺织、通信、广播等各个领域，是科学技术发展的主要动力。电能在我们的生活中起到重大的作用，因而高质量的服务对广大电力客户具有重要意义。

用电性质不同的客户群体其社会地位、经济能力以及用电需求等各不相同，这也导致消费群体属性上的差异。一般来说，客户的属性在短期之内是不会发生变化的，所以我们要将客户分类，以客户的真实需求作为服务的根本，对客户进行分类服务，提供多样化、个性化的供电服务。

2.1.2　分类目的

对用电客户进行分类，主要是为了对用电的客户进行有效管理，优化企业的资源配置，提高企业的服务水平，给客户更好的服务体验，进而实现供电企业的电力营销目标。对客户分类后，供电企业可以明确不同客户所属的类型，从而有针对性地为客户提供个性化服务。而客户分类营销方式可以帮助供电企业在现有营销手段的基础上，制定出更加长远有效的竞争战略，将最主要的资源用在最需要的地方，供电企业才能在消费者心中塑造良好的社会形象。

2.1.3　分类方法

由于电力的特殊性，目前供电企业对电力客户主要有以下分类：按销售场所、渠道可分为直供、趸售、城市、农村市场；按客户用电量可分为大客户与中、小客户；按电价类别可分为工业用电、农业用电、商业用电与居民生活用电等客户；按可靠性要求可分为一、二、三类负荷客户。

对于地市级供电企业来说，主要经营目标是完成上级下达的购网电量增长、平均电价、电费回收销售收入等经济指标。因此，对客户的分类管理应围绕有利于经济指标完成，从抓住关键客户入手。

（1）按用电属性或行业进行统计分析，对各行业用电量大小和增长率进行排序，掌握占比较大或增长幅度较大的行业，关注重点行业与潜力行业。

（2）按客户月用电量大小进行统计分析，计算用电量大的客户在分类用电量和总用电量中所占的比例。随时掌握用电大户的用电情况，确保购网电量增长率指标的完成。

（3）按客户用电量同比增长幅度大小进行排序，找出增幅较大的潜力客户，加以培育和开发。

（4）按客户月缴纳电费多少进行统计分析，找出电费大户并计算出其在总电费中所占的比例。针对电费大户制定电费回收策略，保证电费"月结月清"。

（5）按照电价由高到低进行排列，找出高于平均电价的客户群。这部分客户群对于完成平均电价指标具有重要意义。

（6）按客户装接容量的多少进行统计分析，找出用电容量存在潜力的客户，作为电量增长的重点加以关注。

结合以上分析类型及途径，归纳总结了几种用电客户分类方式，见表2-1。

表2-1 用电客户分类

方法名称	分类依据	客户举例	优点
用电特征分类法	根据客户的用电性质、用电量大小、用电时间等特征进行分类	工矿企业、商业服务业、居民家庭等	根据用电特征，便于监测及分析用电负荷，确保用电的安全性和合理性，实现企业可持续发展
行业分类法	根据客户所在的行业进行分类	能源行业、制造业、金融保险业等	行业的发展趋势，客观上反映经济发展水平对供电企业指标的稳定有着重要的作用
地域分类法	根据客户所在地区进行分类	城市客户、农村客户、特殊边远地区客户	根据地域情况进行网格化梳理，及时解决客户用电问题，最大限度提升客户满意度和获得感
客户规模分类法	根据客户的规模进行分类	大型企业、中小企业、个体户等	区分客户有助于资源合理分配，为客户提供更经济有效的供电服务
用电需求分类法	根据客户的用电需求进行分类	稳定用电客户、调峰用电客户等	更好地满足不同客户的用电需求

2.1.4 用电特征分类

综上分析，采用用电特征分类法更能直观了解掌握客户的需求。将客户分为居民用电、农业用电客户、工商业及其他用电三大类。

（1）居民用电，指家庭生活照明和家用电器设备用电的城乡居民用电、城乡居民住宅小区公用附属设施用电、社会福利场所生活用电、宗教场所生活用电、城乡社区居民委员会服务设施用电等。一般供电电压为单相 220 伏,特殊情况下也可为 380 伏,其核心是该类用电不具有营利性质,完全是为了居民的生活需求。

(2)农业用电是指农业生产中所需的电力,包括灌溉、养殖、农机作业等。农业生产用电价格,是指农业、林木培育和种植、畜牧业、渔业生产用电,农业灌溉用电,以及农业服务业中的农产品初加工用电的价格。

(3)工商业用电指除居民用电及农业用电以外的用电,即大工业用电和一般工商业用电,执行工商业(或大工业、一般工商业)用电价格的用户。用电容量在 10 千伏安及以下的,执行单一制电价;100~315 千伏安之间的,可选择执行单一制或两部制电价。

大工业用电:指受电变压器(含不通过受电变压器的高压电动机)容量在 315 千伏安及以上的用电,即大规模工业用电,比如钢铁、电解铝、发电厂自用电、铁路运输等。

一般工商业及其他用电:普通工业用电、商业用电、非工业用电。除居民用电、大工业用电、农业用电外的其他用电,也执行一般工商业及其他用电价格。其中:普通工业用电是指以电为原动力,或以电冶炼、烘焙、熔焊、电解、电化的一切工业生产,且受电变压器容量(含不通过受电变压器的高压电动机)在 315 千伏安以下或低压受电的用电,以及符合上述容量规定的自来水厂用电、污水处理厂及其泵站用电、船舶修理厂用电和中小化肥用电。

非居民用电客户:执行居民生活用电、商业用电和大工业用电中车间以外的照明(含市政路灯、亮化工程等用电)、办公设施用电。商业用电是从事商品交换或提供商业性、金融性、服务性的有偿服务客户所消耗的电量。

2.1.5 分类管理

明确了分类用途及标准,分类管理作为供电企业科学管理的重点,大有潜力可挖。首先,电价构成复杂,按照国家的电价政策,一是同质同价;二是行业不同,电价不同;三是用电性质不同,电价不同;四是电压等级不同,电价不同;五是用电季节不同,电价不同;六是用电时间不同,电价不同;七是区域不同,电价不同。此外,还要考虑到利率调整、基本容量等复杂的电价体系,如果没有规范、科学的管理,会造成客户或企业效益流失。

(1)居民用电客户。居民客户是供电服务的重要组成部分,因为他们是电力消费的基本单位,也是电力供应网络的基本节点。居民用电客户的供电服务不仅关系到个人的生活和工作的便利,还影响着整个社会的正常运转。因此,需要高度关注居民用电客户的用电需求和体验,提供高质量、可靠、安全的电力服务,以满足他们的需求和期望。

(2)大工业客户。这类客户是供电公司的优质核心客户群,其用电量大,对完成电量增长、电费回收等经济指标的贡献最大,能为供电企业带来长期稳定的收益。本着客户营利性的目的,其用电需求也更为显著,对供电可靠性、供电质量要求非常高,如突然中断供电会造成经济上的较大损失或人身伤亡,甚至造成社会秩序混乱或政治影响。所以,客户经理对该类客户有必要建立常态化联络机制、定期走访，为客户提供最细致、周到的服务，使其享受最大的实惠。同时，还要密切关注该类客户所处行业趋势及异常动向，避免出现电费无法回收的风险。

（3）农业客户。农业电能客户分散，输电距离较远，用电负荷密度小，且受季节和气候影响较大。因此，加强农业排灌用电管理，有效提升农村电力管理的规范化迫在眉睫。对于农业客户来说，春灌、秋收等农忙时节一旦用电设施出现故障，客户情绪容易波动，加之涉及面广，容易引发舆情。在引发更大的矛盾之前，工作人员应做好应对策略，提前预见可能发生的问题，使其消灭在萌芽状态。此外，供电企业应定期或在特殊时期对农村电力设备和线路进行检修和维护，保证设施在非常时期能够随时投入使用，从而增强农业客户对电力服务的满意度。

2.2 用电客户心理及行为表现

2.2.1 心理分析

当下供电企业的客户群体日益增大，客户的心理需求也在不断变化。供电企业作为对外服务窗口，在提供客户服务时，不断符合客户对服务感知、服务过程及服务结果的需求。当客户对服务产生不良感知时，投诉成为最常用的解决手段，因此，分析电力客户的用电心理有着不可替代的作用。在日常服务中，应公平对待所有客户，以免引起某些客户的不满，降低整体满意度。结合不同心理的客户群体，制定有针对性的服务措施和对策，唯有如此才能真正提升电力服务客户满意度，提高整体服务质量。

2.2.2 分析方法

心理分析的基本方法主要有四种：观察法、实验法、调查法和测验法。针对电力客户众多且分类比较清晰的特点，对客户的心理研究主要采用观察法和调查法。

（1）观察法即是通过对用电客户的用电形式、用电需求、行为举止等方面进行察看并初步研判，快速地判断客户心理归属类型。

（2）调查法即通过对用电客户的历史用电信息、家庭构成、投诉信息等分析客户的心理需求，有针对性地对客户心理进行分类。

以上两种方法应用广泛，易于操作，有利于我们快速掌握固定分类群体的心理倾向。在具体实施过程中，虽然是以个体为对象，但是其途径是借助许多个体的反应来分析和推测客户群体的整体心理需求。

2.2.3 心理及行为表现

借助分析方法，在长期工作实践中，总结出客户心理主要包含：发泄型、公平型、尊重型、补偿型、骄傲型、建议型。

1. 发泄型

性格特点：脾气暴躁、易怒、情绪不稳定、语言具有攻击性。

心理描述及行为表现：通常表现在与人谈话时，不是以沟通解决问题为目的，而是借机发泄自己心中的负面情绪，在发泄的过程中，又将私人目的夹杂其中，只考虑自己的感受，即使知道自己的话会伤害别人，也一定要说出来，无法控制自己的情绪，通过投诉缓解和释放不快的情绪，以追求心理上的平衡。

应对技巧：当客户处于愤怒点时，会不断重复事情经过，此时工作人员应耐心倾听客户发泄，适时予以引导，待其情绪稳定，再进行有效沟通，获得客户认同。

2. 公平型

性格特点：性格耿直、豁达，为人处世相对公正，习惯对人和事进行比较。

心理描述及行为表现：客户维权及规则意识强，习惯依据企业的服务承诺或他人的待遇同自己作比较，以此来确认是否被公平对待。当客户感觉受到不公平待遇时，易出现投诉、维权等行为。

应对技巧：工作人员应多维度向客户讲解企业政策及工作标准，向客户举例说明同类问题的处理办法，获得客户认可。

3. 尊重型

性格特点：强烈的自我价值肯定，渴求被认同，期待被尊重、理解，惧怕被取代和希望获得成就感。

心理描述及行为表现：客户希望能够得到企业的认可和支持，合理对待自己所提出的意见和建议，并能及时给予反馈，从而获得自我价值实现的满足感。如客户提出的建议未得到及时反馈，可能会采取过激行为引起关注和重视。

应对技巧：首先让客户感受到反映的问题得到重视，在问题处理过程中关注客户情绪，及时给予回应，不反驳，不抢话，态度诚恳。让客户感觉到自己被尊重、理解、认可。

4. 补偿型

性格特点：思维缜密，精打细算，务实，执拗，对于物质补偿有突出的期望。

心理描述及行为表现：客户受到不公平待遇或自己的权益和诉求得不到满足时，应给予相应的补偿。在未得到补偿或补偿金额未达到客户心理预期时，客户便会通过维权渠道来获得经济补偿。

应对技巧：对于有合理诉求的客户，工作人员依据相关政策向客户做出解释，在符合规定的前提下给予补偿；对于提出无理诉求的客户，经解释无果后可引导客户通过法律渠道进行维权。

5. 骄傲型

性格特点：目中无人、狂妄自大、刚愎自用、缺乏谦卑心态。

心理描述及行为表现：客户自我意识、内心优越感较强，通常表现出一种骄傲自大的态度，忽视别人的观点，拒绝采纳别人的意见，逃避自己的问题。

应对技巧：工作人员在沟通中不要直接否定客户，需适当予以肯定及赞美，满足客户的心理需求，赢得客户的信任后，用委婉的口吻阐述企业政策及规定。

6. 建议型

性格特点：爱思考、有想法、善于发现问题，期望通过建议来表达自己的影响力。

心理描述及行为表现：此类型客户具有自我肯定感，因为他们认为自己的建议是正确的，希望企业能够了解自己的想法，并予以采纳。当客户意见未被采纳时，会通过分析、论证、投诉等方式来证明自己的观点。

应对技巧：首先由工作经验丰富的人员进行接待，虚心倾听客户提出的建议和评价，结合实际工作，向客户阐述企业服务理念及相关业务规定，并与客户共同探讨建议的可实施性。对客户的建议是否采纳，给予答复。

2.3 提升客户服务能力举措

对客户进行行业分类、心理分析的目的是更好地提供精准服务。根据进一步全面提升"获得电力"服务水平持续优化用电营商环境要求，着力推进打造"一次事一次办"的服务，采取多项措施指导督促供电企业持续全面提升"获得电力"服务水平。通过"网上国网""刷脸办""我要找电工"等一系列供电产品，切实方便电力客户，让客户成为真正的受益者。

2.3.1 提升"网上国网"使用率

供电企业需在供电营业场所展示"网上国网"电力产品的相关介绍，并通过电子渠道、人员宣传等全面推广"网上国网"，提升其使用率。该电力产品可以实现客户足不出户办理电费交纳、能源服务、业扩报装等各项业务。此外，"网上国网"还具有优质便捷、互动服务、多元互动、增值服务等特点，为客户提供多元化、个性化服务。

服务对象：面向全量电力客户。

服务路径：①通过扫描"网上国网 App"二维码，下载、注册。②选择进入"网上国网"微信小程序，首次注册使用【手机号一键登录】，授权后完成注册，即可登录使用，如图 2-1 所示。小程序功能页面显示交电费、故障报修、电费账单等服务功能。

| 网上国网小程序入口 | 网上国网登录 | 无感注册网上国网 | 网上国网小程序功能 |

图 2-1 "网上国网 App"二维码及界面图

2.3.2 提升"刷脸办"便捷率

不用提供繁琐的证件，刷个脸就能办。客户完成刷脸自助验证后，可凭实名验证结果，在营业窗口在线查询客户信息，调取办电所需资料，当场完成申请，全程无需携带任何纸质资料。界面图如图2-2所示。

服务对象：所属居民用电客户。

服务路径：①网上国网；②供电营业厅。

图2-2　"刷脸办·一证办"界面图

2.3.3　提升"可视化"应用率

"可视化"为主动抢修、主动检修等工作的开展打好基础，突出体现供电精准服务、便捷服务和智能服务水平。从办电进程、停电信息、抢修进度、电量电费等方面实现"基于客户视角"的业务可视化服务，大幅提升了客户的参与度，让供电服务"看得见、摸得着"，持续提升客户的用电获得感。

服务对象：面向全量电力客户。

服务路径：进入"网上国网"微信小程序，搜索"豫电管家"进行注册，使用【手机号一键登录】。如图2-3所示。

| 豫电管家入口 | 网格服务可视化 | 电量电费可视化 | 办电检修可视化 |

图2-3　"预电管家"界面图

2.3.4　提升"网格化管理"服务率

"我要找电工"是供电企业推出的一款微信小程序，客户可以通过定位或地图选点即可显示该网格客户经理头像和联系电话，方便客户一键报修，实时查看报修进度。

我要找电工入口　　　功能使用界面

图 2-4　"我要找电工"界面图

服务对象：所属电力客户。

服务路径：微信小程序搜索"我要找电工"如图 2-4 所示。

2.3.5　提升"豫电小哥"使用率

"豫电小哥"是微信群智能服务机器人，将"豫电小哥"加入网格客户经理的网络服务微信群中，实现客户微信群统一集中管理，微信群中客户诉求自动记录并回复客户提出的电力问题和需求，提高客户经理的响应速度和后续进展跟踪，提升网格化服务宣传效率。

服务对象：所属电力客户。

服务路径：社区、乡镇、村委等网络服务微信群。如图 2-5 所示。

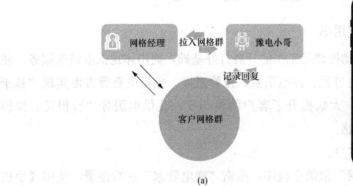

(a)　　　　　　　　　　　(b)

图 2-5　"豫电小哥"

(a) 网络示意图；(b) 回复界面

第3章 投诉处理技巧

3.1 客户投诉定义

客户投诉是指客户对企业产品质量或服务不满意，而提出的书面或口头上的异议、抗议、索赔和要求解决问题等行为。

客户投诉是每一个企业都会遇到的问题，它是客户对企业管理和服务不满的表达方式，也是企业重要价值信息的来源，它为企业创造了许多机会。因此，如何利用好处理客户投诉的时机来重获客户信任，把客户的不满转化为满意，锁定他们对企业和产品的忠诚，获得竞争优势，已成为企业营销实践的重要内容之一。

3.2 客户投诉处理

3.2.1 投诉处理基本原则

投诉处理是一项集心理学、社交技巧于一体，并体现服务人员道德修养、职业水准、工作能力等综合素养，妥善解决或给出圆满解答投诉者所提问题的工作。投诉处理工作的宗旨是服务客户，目标是有效杜绝投诉，从而提高企业的声誉及社会影响。

（1）及时性原则。客户在投诉时，通常希望其诉求能够得到及时补救。如果在服务过程中引发了客户投诉，那么就需要服务人员把握好补救时机，迅速行动来挽回局面。如果问题发生在交易完成之后，企业也需要尽快地做出反应。许多企业为了及时处理客户所遇到的问题，建立了 24 小时快速反应机制。国家电网有限公司供电服务"十项承诺"明确规定："95598"电话（网站）、网上国网 App（微信公众号）等渠道受理客户投诉后，24 小时内联系客户，5 个工作日内答复处理意见。

（2）沉默原则。企业在处理投诉时，切忌同客户争论，处理投诉时双方交流的目的应当是收集信息、了解情况、分析问题产生原因、缓和客户情绪，而不是和客户进行一场输赢的辩论赛，更不能讽刺侮辱客户。无谓的争论只会加大企业收集信息的难度，并不能解决任何实际问题。

（3）换位原则。想要得到客户的理解，企业首先就要做到从客户的角度看问题。企业可以表明自己对问题的认知完全是出于客户的观点——认真聆听并加以肯定，同时还能够随时感受客户的情绪并加以调节。此外，还要随时表示对客户的认同——如使用"我能理解您的不满"等用语。这种行动有助于企业修复和客户之间破裂的关系，恢复融洽的交流氛围。

（4）公开原则。企业要做到处理问题流程透明，明确解决问题所需的步骤，并告知客户行动计划，随时让客户了解问题解决的进度。这样做不但可以表明企业的积极态度，还使客户对问题处理的时间进度有一定的期望值。因此，企业应注重不允诺能力以外的事情，不轻易允诺结果。如果客户能够清楚地知道问题处理流程，自然更容易接受处理过程的周期。

（5）补偿原则。客户因为企业的产品或服务而产生物质和时间上的损失时，企业最正确的做法就是根据事先确定的补偿方式为其提供赔付，或是免费提供同类服务。这种做法有助于缓解客户的不满的情绪，并降低客户采取法律手段解决问题的概率，同时还有利于企业口碑的建立。

（6）真诚原则。在处理投诉时，最大的难题是修复企业和客户之间濒临破裂的合作关系。这就需要企业以真诚的态度和不懈的努力来打动客户，让其感受到企业的诚意和歉意，相信企业会为了避免同类问题的发生而对自身进行完善和改进。很多时候，出色的补救工作有助于提高客户对企业的忠诚度，提升企业在市场中的整体形象。

3.2.2 投诉处理"六大要领"

（1）听清楚。受理客户投诉时，应耐心听清客户投诉内容，不得打断客户说话，更不能急于表态。

（2）问清楚。要进一步问清有关情况。切忌与客户正面辩驳，应客观冷静地引导客户叙述清楚实际情况。

（3）跟清楚。要一跟到底，直到问题得到解决并回复客户为止。对不能立刻解决的投诉，应委婉地向客户解释清楚，并确定下次回复时间。

（4）复清楚。在充分了解有关情况后，应及时将处理过程及结果清楚地告知客户，以表明客户的投诉已得到足够重视和妥善解决。

（5）记清楚。处理客户投诉后，应把客户投诉事项、处理过程及结果、客户意见等信息清楚地记录存档。

（6）会报告。如属重大、书面投诉，须及时向上级领导汇报，并请示领导作出批示。

3.2.3 投诉处理通用妙法

（1）移情法，通过语言和行为举止的沟通方式向客户表示遗憾、同情，这种方法是在客户愤怒和感到非常委屈时的一种精神安慰。

用语举例："我能明白您为什么觉得那样……""我能理解您现在的感受……""那一定非常难过……""遇到这样的情况，我也会很着急……""我对此感到遗憾……"等。

（2）三明治法，即与客户沟通时如何避免说"不"的方法。即用"两片面包"夹着沟通。第一片"面包"是："我可以做的是……"，告诉客户你会想尽一切办法来帮助他，提供一些可供选择的方案给客户。第二片"面包"是："您能做的是……"，告诉客户你已经掌握了一些情况，向客户提出一些可行的建议。

用语举例："我们可以做……""您可以做……"等。

（3）谅解法，是工作人员要求在处理客户投诉时，迅速核清事实，并向客户表示歉意，安抚其情绪，尽量用客户能够接受的方式取得客户谅解的方法。

用语举例：避免说"您说得很有道理，但是……"，应该说"我很同意您的观点，同时我们考虑到……"

（4）3F法，是对比投诉客户和其他客户的感受，采用利益导向的方法取得客户谅解的一种沟通技巧，这是心理学中从众心理的一种应用。

用语举例：

客户的感受（feel）："我理解您为什么会有这样的感受……"

别人的感受（felt）："其他客户也曾经有过同样的感受……"

发觉（found）："很多客户也遇到过您这样的问题，他们都选择了这种处理方式，也非常满意这个结果，您可以考虑一下……"

（5）引导征询法，是一种为了平息客户不满，主动了解客户需求和期望，最终取得双方认同和接受的沟通技巧。经验告诉我们，单方面提出投诉处理方案往往会引起客户的质疑和不满，可以变换一种思路来主动询问客户期望的解决办法，或许更容易被客户接受。

用语举例："您觉得我们怎么做比较合适？""您有没有更好的处理建议呢？""您觉得另外几种方案哪种合适呢？"

3.2.4 投诉处理流程

1. 受理环节

（1）无论是现场受理还是电话受理投诉，首要工作是安抚好客户情绪，耐心倾听客户讲话，同时做好记录。沟通过程中要保持微笑，因为微笑是最有力量的沟通，通过微笑会减轻客户的敌对心态。

（2）尽量了解问题发生的全过程，在对方陈述过程中判断问题的起因，抓住关键因素。待客户情绪平复以后有针对性地进行提问来获取更多的信息，听不清楚时要用委婉的语气进行详细询问，如"请您再详细讲一次"或者"请等一下，我有些不清楚…"，把自身所了解的问题向客户复述一次，让客户予以确认。

（3）了解完问题之后征求客户的意见，如他们认为如何处理才合适、有什么要求等。

（4）精准掌握投诉者心理是处理投诉的重中之重，我们要根据客户性格特点，对症下药，有效化解客户不满情绪。只有掌握投诉者的心态，我们的工作才能事半功倍，客户投诉常见的五种心理状态示例。

1）客户投诉心理状态一：出于挽救。

在很多投诉事件中，特别是花费类事例，客户认为自己权益受到了损害，投诉的目的基本在于获取赔偿。此外，客户出于挽救的心理不单指财富上的赔偿，还包含精神上的安抚。

客户特色：客户投诉很多情况是因为误会致使的，但不乏一些合理投诉，当客户希望获取赔偿的心理越急迫，企业却又无法给予赔偿的情况下，客户投诉升级的可能性就越大。

客户种类：保护权益型、义正词严型。

处理建议：首先确认客户诉求是否合理，以及是否能为客户处理。如是，就要及时了解详情后解决客户诉求，并告知客户后期采取的改进建议。如不是，则需要向客户做好解释工作；其次要耐心倾听，运用同理心或向客户致歉等方式给予客户精神上的抚慰。

案例分享：客户反映，2022年1月6日，因供电公司工作人员接线错误造成家用电器设备损坏。具体家用电器包括监控、冰箱、吸水棒、洗衣机。客户表示保险公司至今没有赔付，客户对此不认可。

处理方式：经核实，因保险公司赔偿款赔付需走流程，且未将赔付进度及时告知客户引发客户不满。工作人员第一时间赶赴现场安抚客户，同时协调督促保险公司完成赔付，客户表示认可。

2）客户投诉心理状态二：出于认可。

客户的自尊心都是比较强的，他们会认为自己投诉得很在理，并且希望能够通过投诉让自己碰到的问题得到关注和重视，同时获得认可和尊敬。

客户特色：对于问题有自己的想法并坚持己见，同时希望得到对方的理解和肯定。

客户种类：感情丰富型、细腻型、敏感型。

处理建议：要对客户的不良体验表示充分的理解，但是要注意不能随意认可客户的要求；要对客户的情绪做到实时回应；假如客户有不妥之处，也要注意保护客户的自尊心。

案例分享：王女士来电投诉某供电营业厅服务不周，业务办理窗口少，让其等了半个小时才办理业务。经检查确认，当天办理业务的客户较多，王女士并未取号排队办理，已告知客户需先取号排队等待办理，客户表示不满。

处理方式：现场调查人员了解事情详细经过后，耐心抚慰客户情绪，表示理解客户急切的心情并为业务窗口开放较少事宜道歉，感谢客户对电力服务的监督，并虚心接受客户提出的改良建议。调查人员向客户解释了业务办理规定，再次感谢客户给予供电营业服务的理解和关注，客户最后表示理解。

3）客户投诉心理状态三：出于表现。

有些客户投诉是出于表现的心理，既是在投诉和责备，也是在建议和教育。他们习惯在维护自身权益的同时，常以代表广大消费者之名，向提供服务方提出自身看法、指出对方不足并希望被采纳，从而获得一种满足感。

客户特色：具备一定的文化涵养，对企业的业务流程有一定了解，或者事先做过一些准备，交流时井井有条。

客户种类：好为人师型、有备而来型、惯性投诉型。

处理建议：依据客户提出的争议点，有针对性地熟悉和掌握企业该方面的业务流程，准备好充足资料；利用客户的表现心理，适时赞誉客户，引导客户做一个有身份、理智的人；适时给客户台阶下，有助于促进双方的友好交流，同时也让客户更容易接受解决方案。

案例分享：某有限公司法人代表张先生，十分熟悉电价政策，工商业电价改革推行后对新政策不认可，拨打"95598"供电服务热线投诉工商业计费方式不合理侵害其权益，并建议按照原有计费方式执行工商业电价。

处理方式：工作人员耐心听取客户诉求，对客户认真研读学习工商业电价改革新政策表示赞赏，并对客户提出的中肯建议表示感谢，向客户介绍工商业电价改革由国家发展和改革委员会制定推行，是从国家发展层面与人民角度出发进行的电价改革，国家电网有限公司严格遵循国家政策方针，积极向广大客户推广宣传本次电价改革内容。同时告知客户后续如有任何用电方面的需求会尽全力为客户解决，希望客户能继续支持和关注国家电网有限公司的服务。

4）客户投诉心理状态四：出于发泄。

客户带着怒气和诉苦心理进行投诉时，很多时候只是为了发泄不满情绪，纾解自己愁闷或不快的心情，以此来保持心理上的平衡。

客户特色：将不满传达给企业，目的是满足自己的心理状态。

客户种类：情绪易起伏型、絮叨型。

处理建议：耐心倾听是帮助客户发泄的最好方式，切忌打断客户。要尽可能创造轻松愉悦的气氛，帮助客户排解烦闷情绪，但需要注意客户的个性特色并掌握好尺度。

案例分享：客户李先生来电查询电费退补，未能自助查询成功，最终客户选择转入人工服务办理业务。客户情绪激动，不停抱怨语音播报系统智能性不高，无法自行查询，浪费了很长时间。

处理方式：工作人员耐心倾听客户的不满，待客户情绪稍平静后给予抚慰，并立刻为客户核查退款到账的情况，让客户放心。办理好业务后，工作人员再次对给客户带来的不良体验表示抱歉，也对客户当时的心情表示理解，同时表示针对客户提出的改进建议会及时向相关部门反馈，感谢客户对于电力行业的监督与支持。

5）客户投诉心理状态五：出于报复。

客户投诉时，一般对于结果有着一个自我评判的理性预期，当客户从企业获取的结果与预期相差过大，或客户在发泄情绪过程中受阻时，有些会演变为报复的心理。

客户特色：自我意识过强、情绪起伏多变；不计个人得失，只想让对方痛苦，为自己出一口气。

客户类型：霸道型。

处理建议：要注意以恰当的语言、和蔼的态度安抚客户；要通过各种方式及时让双方的沟通恢复理性；对于极少数极端的客户，需留意收集和保存相关证据，并适时提醒客户这些证据的存在。

案例分享：张女士在营业厅交电费时，因当时办理业务客户多、预期等待时间长，便要求优先办理，工作人员向张女士解释办理业务需按工作流程排队等候，张女士仍不认可，强行插队影响正常工作秩序，并指责工作人员服务态度差、不给其办理业务，要求投诉。

处理方式：投诉处理人员首先对客户在业务办理过程中的不愉快体验表达歉意，耐心安抚客户情绪，并为客户详细讲解营业厅业务办理流程，建议客户可以通过营业厅自助缴费机或"网上国网 App"进行交费，如有不懂之处很乐意为客户效劳。另外，适时提醒客户理性看待问题，感谢客户对供电服务的监督，今后会更加注重服务品质的提升。最终，经过工作人员的耐心沟通，客户了解到供电公司处理问题的态度和诚意，并表示认可。

2. 处理环节

（1）动作要快。客户投诉的时候，大多都在气头上，未必知道自己具体要什么。因此工作人员要循循善诱，引导客户说出自己的诉求。投诉受理后，责任单位要第一时间联系客户，并及时现场调查了解具体情况，要让客户感受到尊重以及企业解决问题的诚意。部门内部协商好处理方案后，确保在约定的时间内答复客户。

（2）态度要好。客户发起投诉就是对产品或服务不满意的直接体现，从心理上来说，他们会觉得遭到了亏待与轻视。因此，在投诉处理过程中工作人员要做到态度诚恳、言语得体，避免恶化与客户之间的关系，最大化降低客户的抵触情绪。俗话说："怒者不打笑脸人"，态度谦和友好，会促使客户平复情绪，理智地与工作人员协商解决问题。

（3）层次要高。客户提出投诉后肯定是希望自己的问题得到重视，尊重客户是做好服务的基本要求，不仅要通过言语，更要通过内心。往往投诉处理人员的层次会影响客户期待解决问题的情绪，因此我们应尽可能提高处理人员的级别，由主管亲自出面与客户沟通，尽量化解客户的怨气和不满。

（4）落实要细。对于客户提出的诉求，要成立投诉调查处理小组，共同分析，找出问题根源。针对能够马上解决的诉求要立即处理，短期能解决的问题要在约定时间内处理完毕，现阶段无法直接解决的问题一定要及时上报，并制定相关解决方案告知客户，征得客户同意后要定期告知客户问题的处理进度，让客户做到心中有数。

3. 回访办结环节

（1）针对已处理完毕的投诉，要有专人回访客户确认总结，针对共性问题通过集中培训研讨的方式有效规避同类问题重复出现。个性问题可以通过单独辅导的形式帮助员工改进提升。对于典型的投诉问题可以整理成供电服务学习案例，放入案例库中供全体人员进行学习。

（2）针对采取与客户约定时间来解决问题的投诉，在后续工作中要跟进处理进度，落实处理结果。处理方案中如涉及公司内部多个部门的，要将相关信息传达到执行部门，并由投诉处理督导组对处理进度及成效进行监督和追踪，直到客户感到满意为止。

3.2.5 投诉处理沟通技巧

1. 语言技巧

（1）倾听：即专心倾听客户的语义，用心理解客户的真意。

（2）应答：注意说话方式比说话内容更具有影响力，比如多用您，不用你；多用征询语，不用命令语，比如"您觉得…"；礼貌应答的态度要发自内心，要有始有终。

（3）语气：真诚、柔和、自信、热情，但非嗲声嗲气；无不耐烦、冷淡、强硬现象。

语调：上扬、音质优美。音量适中舒适，控制稳定，无过高、过低，并视客户的需要进行适当的调整。

语速：适中，无过快、过慢，根据服务情境、客户情绪转变适时进行调整，稳定控制，每分钟应保持在 120 个字左右。

（4）表达：标准普通话，语言流畅，语义明确；口齿清晰，无不良口语表达习惯，如拖尾音、口头禅、刻意修饰语音等。

（5）禁忌：专业知识匮乏，不能有效和客户沟通；缺少日常的心态训练，心态调节不好；轻易允诺客户自己做不到的事情；通过抱怨自己的工作和上级领导来拉近与客户的关系。

对于服务行业而言，表达方式，就是一种语言的服务，传达效用直接影响着企业价值和自身形象。因此，服务人员在使用服务用语时，还应注意语言的表达技巧，下面通过几种情况做简单举例。

【场景一】客户要求投诉服务人员

马上致歉："抱歉，如果刚才有不到位的地方请见谅，您指出来，我马上改正好吗？"

转移话题："先生，刚才我比较着急，所以可能服务方面没太注意，这一点无论如何请您谅解，您给我指出来，我会在接下来的服务中注意的，刚才说的是……"

【场景二】客户要求上级部门回复

表达诚意、增强信任度："请您相信，其实您的问题我们主管早就介入了，给您的回复我们也是经过研讨的，您考虑一下，如果对我们的处理意见您认为不合理，请告诉我，我一定负责把您的意见如实传达到，当然如果最后还是这个结果，请您能够理解。"

【场景三】客户对处理结果不认可

只强调我们能做的，避免过多使用不可以、不行、不能等否定词，比如"我们这边可以为您提供……""我们能为您做的是……"等。

给客户的一个替代方案。如果实在无其他办法，可以询问客户需要的解决方案，比如"您有什么好的建议……""您觉得怎样修改比较合适……"等。但谨记避免机械性的重复以及挑衅似的抛出："您想怎样？"

2. 非语言技巧

（1）姿势。在接待投诉客户时，要表现出得体的职业仪表，不能再让带着不满的客户抓住服务人员仪表中的过失，进而加剧事件的恶化。当进入客户视野时，有力的步伐、优美的姿势和友好的微笑都会表现出一种信心，这种姿态会传递给客户一种"你一定能帮助我解决问题"的信息。

（2）握手。在见面时握手是一种得体的问候，能够表达出对客户的热情并表现出一种力量，如果处理不好，会表达出对客户的躲避和冷漠，因此要注意以下几个细节：

1）握手时的目光接触，眼睛能传递出热情和友好。

2）握手的有力程度，一般不要用力过大，否则会让人感觉很粗野，用力过小让人感觉很淡漠。

3）紧握对方的手传达了对他人的友谊，紧握的时间，最好不要超过一次或者两次呼吸的时间，否则会让对方感觉不舒服。

4）手的干燥程度，潮湿的手让人感觉神经紧张，要把湿手擦干后再握手。

（3）面部表情。"微笑是调节人际关系的润滑剂"，要毫不吝惜自己的微笑，向对方传达出友好的信息。如果想揣摩客户内心的感受，要仔细观察对方的面部表情。

（4）眉目。要避免四处移动视线，直接目视对方以显示出真诚和豁达，能促进问题的解决，在与客户交谈时不要显出傲慢态度，不能用逼迫的眼神，以免让客户产生是被迫接受处理方案的感觉。

（5）手势。过于热烈或虚弱的手势会分散注意力，要禁止对客户指手画脚，不要双手抱臂，以引起"挑战"的感觉。要善用肢体语言表达解决问题的诚意，体现处理问题的艺术性。

（6）服务距离。直面客户时与其保持合适的距离，身体稍微前倾，并保持头部的挺直，增加话语的"分量感"。同时，与客户保持服务距离也是对双方的一种保护，避免因沟通不畅、矛盾激化造成的肢体伤害。

3.2.6 投诉僵局处理技巧

1. 处理原则

（1）站在客户的立场或角度去说服客户。

（2）寻找客户产生意见的主要根源，使客户从误解中跳出来。

（3）综合处理客户的各种反对意见。

2. 处理要点

（1）改变处理环境。

（2）更换处理人员。

（3）变换处理时间。

（4）适时做出必要让步。

（5）允许第三方介入协调。

3.2.7 投诉处理禁忌

（1）忌被动地等待。日常服务过程中工作人员在为客户解决诉求后，要懂得与客户进行适度的沟通交流，通过客户对于产品与服务的看法及建议，可以及时发现企业管理中存在的问题与不足，及时发现隐患，进行事前控制。

（2）忌不注意投诉处理时机。工作人员在处理客户投诉时不能只注重坚持原则性，而忽略了处理问题的灵活性和艺术性。在不恰当的时间与场合处理投诉，例如客户正在午休或忙于自身事务时，会严重影响处理效果，甚至引起客户的反感，导致问题进一步恶化。

（3）忌客户面前过分谦卑。工作人员处理客户投诉时，其一言一行代表着企业形象，因此应表现出充分的自信，彬彬有礼，不卑不亢。要明白谦恭不是卑微，过分的谦卑是缺乏自信的表现，往往会被客户看不起，对企业失去信心。

（4）忌唯恐客户投诉。从表象看客户投诉是坏事，实际投诉客户就像一位医生，在无偿地为企业进行诊断，帮助企业发现管理中存在的问题，促使企业对症下药，改进服务和设施，提高服务质量和管理水平。因此，企业应以积极的心态对待和处理投诉。

（5）忌与客户争输赢。客户投诉说明企业的服务和管理有问题，因此即便某些客户的投诉存在些许夸大事实的成分，在不违背原则的前提下也应把"正确"让给客户。如果表面上"赢"了客户，结果是客户失去了面子，企业失去了客户的信任与忠诚。

（6）忌投诉处理不彻底。一般情况下，受理客户投诉的工作人员并非解决实际问题的人，因此应设有专人对投诉处理过程进行跟踪，对处理结果予以关注并告知客户，这能使客户感受到企业对其诉求的重视，从而使客户对企业留下良好印象。

3.2.8　投诉双方情绪疏导

1. 客户情绪疏导

（1）聆听不满。倾听是解决问题的前提，当客户情绪很激动时，工作人员应该耐心倾听，让客户发泄不满情绪，等客户情绪稍微平静一些再适时发表言论，解决客户问题。

（2）表达诚意。说声对不起，让客户知道你已经了解了他的问题，强调你对客户的诚意，避免使用"您可能不明白……""您应该……""您误解了……""我也不清楚""这不可能的……"等表述用语。应该多用"我非常理解您的心情……""如果是我，我也会很着急的……""您说得很对，我也有同感……""给您造成不便我感到非常抱歉，我这就为您处理……"等表达用语。

（3）收集信息。通过向客户提问的方式收集信息，帮助客户解决问题。客户有时会省略一些重要信息，因为他们认为这不重要，或一时忘记了述说，这时就需要工作人员运用提问的技巧从客户那里获取相关信息。

（4）时效原则。明确了解客户问题后，下一步做的就是要及时解决它。我们要重视每一次和客户接触的机会，在客户抱怨扩大之前解决问题，不要让投诉升级。

2. 工作人员情绪疏导

工作人员很有可能被客户的负面情绪影响，慢慢将两个人的沟通引向无法收拾的境地。这就要求工作人员能合理地控制并管理好自己的情绪。

（1）认清负面情绪来源。要有情绪觉察能力，包括对自我情绪和他人情绪的觉察能力，当负面情绪不期而至的时候，能够马上意识到，并明白为什么会产生这样的情绪。

（2）分析负面情绪产生原因。工作时客户无端的指责、谩骂会让工作人员觉得委屈和气愤，但工作人员需要站在合理客观的角度弄清楚客户为什么会产生这样的情绪。是因为自己业务出现问题，服务客户出现问题，还是客户对公司的规定不认可呢？事出必有因，凡事不能只看表象。客户的情绪必有来由，工作人员一定要找到根源，然后再慢慢地化解它。

（3）调整自我负面情绪。短暂的负面情绪可以通过改变认识事物的角度来达到转变观点、调整自我情绪的目的。但如果负面情绪持续了一段时间，积压到一定程度，光靠改变观点，还是很难达到很好的效果，这时掌握一些情绪处理的小技巧就显得尤为重要。当发现自己呼吸已经不太顺畅时，做2~3次深呼吸来调整自己的情绪。但需要注意的是，后续与客户沟通时工作人员要用自己调节好的正面情绪慢慢影响客户，而不是再次被客户的情绪牵着走，要做一个心态坚定的人，把温暖传递给客户。

（4）寻求情绪纾解方式。好的情绪会产生高绩效的工作成绩，坏的情绪会严重影响工作质量。如果负面情绪一直留存，长久下去会导致负面心态。而负面心态不仅会影响工作状态，还会影响个人的生活态度，甚至会威胁一个人的生命。所以工作之余要懂得寻求合理有效的情绪疏解方式，比如：

1）疏泄倾诉法：向自己的亲人和要好的朋友倾诉郁闷情绪，只谈事件、谈感受，不做负面暗示。也可以找一个本子把自己内心的想法都写出来，或者找一个合适的地方进行情绪释放。

2）精神转移法：看一本自己喜欢的书，听一段能让自己安静下来的轻音乐，看一部感人的电影等。转移注意力的同时，更能给予自己正向的精神力量。

3）运动释放法：给自己一段说走就走的短暂旅行，投入一项自己喜欢的体育运动，在挥汗如雨中，情绪和压力就会得到有效释放。

第4章 供电服务礼仪

4.1 供电服务礼仪的定义

供电服务礼仪是供电企业服务行业人员必备的素质和基本条件，出于对客户的尊重与友善，在服务中要注重仪表、仪容、仪态和语言、操作的规范；热情服务则要求服务人员发自内心地、热忱地向客户提供主动、周到的服务，从而表现出服务人员良好风度与素养。

4.2 供电服务礼仪的意义

在日常工作和业务交往过程中，个人的仪容风貌不仅反映着个人的气质、性格和教养，体现出对交往对象的尊敬和重视程度，同时也展示着供电企业的品牌形象。作为一名训练有素的供电员工，应具备"仪容整洁、着装规范、言谈得体、举止优雅"的整体形象，体现出企业良好的理念和深厚的文化内涵。本章通过通用服务礼仪、营业厅服务礼仪、现场服务礼仪、话务服务礼仪、微信服务礼仪等多方面内容，有效地提高员工服务能力。

4.3 通用服务礼仪规范

通用服务礼仪是指各个岗位人员共同遵循的礼仪标准，也是服务行业从业人员面对客户时应遵守的基本礼仪标准。

4.3.1 通用服务礼仪基础知识

1. 仪表

一个人的仪表，大致包括头发、面容、肢体及妆容等。仪表是一个人内在心态的外观表现。仪表美是内在美、自然美、修饰美三方面的统一，而在这三个方面中修饰美最容易直接实现。这就要求员工要注重修饰，以整洁自然的仪容给人留下美好的印象。

总体规范为：整洁清爽、端庄大方。

（1）头发，对一个人的仪表有重要的影响。头发修饰要做到：梳理整齐，整洁光亮，不留怪异发型不染夸张的颜色。发型要与脸型、体型相配，与性别、年龄相符。男员工头发要前不覆额、侧不掩耳、后不触领。女员工头发要用统一的发夹固定在脑后，短发要拢在耳后，不遮眼、不随意披散、不戴夸张的发饰。

（2）面部，是人际交往中他人所注意的重点部位。面部修饰要做到：面容清洁，眼睛无眼屎，内外耳、鼻孔干净，鼻毛不外露，牙齿无饭渣，口中无异味，嘴角无白沫、饭粒；男员工胡须要刮干净；会客时不嚼口香糖等食物，工作前忌食葱、蒜等易产生口腔异味的食品。

禁忌：当众剃、拔胡须，当众擤鼻涕、挖鼻孔，当众挠头、说话时唾沫星四溅。

（3）肢体，指手臂、腿和脚部。在人际交往中，人的肢体因为动作最多，也往往会受到特别关注。

手臂的修饰要做到：洁净，无污渍，不蓄长指甲；在工作岗位上，不染彩色指甲；腋毛不外露。

腿和脚部的修饰要做到：不光腿，在工作岗位上不允许赤脚穿鞋或穿露趾、露脚跟的凉鞋或拖鞋，皮鞋鞋面要保持清洁、光亮。

（4）妆容，要做到淡雅、简洁。女员工应淡妆上岗，且与年龄、身份相符；喷洒香水以清淡型为佳，一天中不宜混用多种香水，香水一般淡淡点洒在颈部、腕部、脉搏跳动处和衣襟下摆、裙摆处。

切忌：浓妆艳抹或残妆示人，岗上或当众化妆等。

2. 仪态

仪态指人们在行为中的姿势和风度。在人际交往中，人们常常凭借一个人的仪态来判断其品格、学识及修养程度。因此，每位员工都应该格外注意自己的仪态，养成良好的行为举止习惯。

（1）站姿，是生活中最基本的一种举止。正确的站姿会给人挺拔舒展、精力充沛、积极进取、充满自信的感觉。站姿的基本要求是"站如松"。外观形象要挺拔匀称，自然优美。

基本要点：挺胸抬头，收腹提臀，身体直立，两肩舒展，两手置于身体两侧自然下垂，两脚呈"V"状分开（又称"外八字"）。双手也可相握于腹前或身后。

男员工双脚分开大致与肩同宽，体现出男性刚健、潇洒、英武、强壮的风采，有"劲"的壮美感。

女员工可呈"丁"字形站立，体现出女性娴静、典雅的韵味，有"静"的优美感。

切忌：斜肩、含胸、挺腹、弓背；身体乱抖动，随意扶、靠、踩；两腿分叉太大；与别人勾肩搭背站立。

（2）坐姿，基本要求是"坐如钟"。外观形象要安详端庄，稳重大方，如图 4-1 所示。

基本要点：上身自然挺直，头部端正，腰部挺起，两肩平衡放松，目视前方或交谈对象。一般不可深靠座位背部。在较为正式的场合，或有位尊者在座时，不应坐满座位，应只坐一个座位的 2/3 面积即可；入座时应从椅子的左侧落座，右侧离座。

男女员工都适用的坐姿有：正襟危坐式、双脚交叉式、双腿内收式。适合男性的坐姿还有垂腿开膝式，适合女性的坐姿还有双腿斜放式、双腿叠放式、前伸后曲式。

就座要点：入座时，动作要轻盈、平稳、从容自若；注意顺序，应遵循尊者优先的原则，或同时就座；着裙装的女士，通常应先用双手拢平裙摆，再落座。面对尊长而无屏障时，务必并拢大腿；女士落座前，为防坐空，立定后可右腿后撤半步，探明椅子的位置再落座。落座要轻缓无声；离座时，略后于对方站起；如对方因年老等原因行动不便，应趋前相扶，以示敬重。

切忌：抬脚过高，脚尖朝天，使对方看到鞋底。双腿敞开过大，跷"二郎腿"，两腿直伸或不停抖动。上身大幅度后仰，左顾右盼，摇头晃脑。将腿放在桌椅上或用脚蹬踏其他物体。

图 4-1 坐姿

（3）走姿，基本要求是"行如风"。外观形象要协调稳健，敏捷自然。

基本要点：抬头挺胸，两眼平视，重心平衡，步幅适中，动作协调，男员工的步伐应干脆利落，节奏鲜明，稳健有力。女员工的步态要轻盈自然。

行走应遵守约定俗成的秩序从右侧通行。有急事超过前边的尊长、领导时应礼貌地示意。陪同或引领宾朋行进时，应注意：

1）与客户同行，要在对方左前方1米左右的位置。一般不要请客户先行，也不让客户走在外侧。行进速度须与对方相协调。行进过程中，处处以对方为中心，随时提醒道路的变化。交谈或回答问题时，应将头部上身转向对方。

2）引导客户上楼梯时，应行进在客户的后面；下楼梯时，应行进在客户的前面，以便及时为客户提供必要的帮助。

3）引导客户出入房门时，应"后入后出"，面向对方，主动为其推拉房门，不要无意中挡道拦人。

4）在办公区域，不要跑步行进，有急事时可采取快步疾走的方法；不得高声喧哗。两人以上同行时，应避免并排行走；两人同行时，不得搂肩搭背。

切忌：方向不定，速度多变，左顾右盼，声响过大。

（4）蹲姿，不像站、坐、走姿那样使用频繁，但讲究行为举止礼仪的人同样应当讲究蹲姿。

蹲姿的外观形象要从容稳重，优雅自然。

基本要点：在公共场合下蹲拾取物品时，应站在要拾取物品的侧面，两脚前后错开，可以采取单膝点地或双腿交叉等姿势，也可采用双腿一高一低，互为依靠式，慢慢蹲下去，然后迅速站起，避免滑倒或摔伤。下蹲时要做到不低头、不弯腰。

切忌：低头弯腰、翘臀，面对他人或背对他人，双腿叉开等。

（5）手势，外观形象要简洁，彬彬有礼。

工作中常用手势：鼓掌、指示物品、手持物品、递授物品、展示物品、招呼别人（见图 4-2）、举手示意等，手势宜少不宜多。

基本要点：

1）鼓掌时，用右手有节奏地拍击左手。

2）手持物品时，要保持平衡、自然、卫生。

3）递送物品时，要用双手或右手，主动上前，递向对方手中。要便于对方接拿，注意物品的尖、刃面向内。接取物品者，应目视对方，用双手或右手接拿；必要时，要主动走近对方。

4）展示物品时，要将物品持于身体一侧，一般不能挡住本人的头部。为便于物品展示，手位也可举至高于自身双眼之处。当将物品举起展示时，一般置于自肩至肘处，上不过眼，下不过胸。

5）举手示意时，掌心向外，面向对方，伸开手掌，指尖朝向上方。

切忌：

1）失敬于人的手势，如手心向下，对人指指点点，双手抱头等。

2）不稳重的手姿，如双手乱动，摆弄手指，或是抠指甲、折衣角、抓耳挠腮等。

3）不卫生的手姿，如在他人面前挠头皮、掏耳朵、抠鼻孔、剔牙等。

4）易被误解的手势，如右手拇指与食指合成圆圈，其余手指伸直。

5）手插在口袋里玩弄小东西，或双臂抱胸，或用手指着别人等。

（6）目光。眼睛是心灵的窗口，在交际交往中，人们通过目光的接触进行心灵沟通，代替语言表情达意。因此，要注意时刻以得体自如的目光，传达出对同事和宾客的尊重、友好、真诚。

外观形象要目光坦诚、亲切和蔼。

基本要点：神情专注，平视对方，自然柔和。

注意事项：

1）在交流中，应注视对方双眉正中位置，注视时间不宜过久。

2）一般情况下，若表示友好，注视时间占全部相处时间的 1/3，最好每次 3 秒左右。

3）与客人相距较远时，一般以对方的全身为注视点。

图 4 - 2　手势

4）当客人较多时，要给予每位客人适当的注视，以免部分客人产生被疏忽、被冷落的感觉。

5）近距离时，宜注视的常规位置有双眼到唇部倒三角区。

切忌：

1）斜视、久视、藐视、左顾右盼。

2）"目中无人"或注视对方的头顶、腹部、臀部、大腿、脚和手部。

3）与异性交往时，上下左右打量，注视其肩部以下。

4）紧紧盯住对方的眼睛。

（7）微笑，"微笑是全人类最美好的共同语言"，微笑是友善、和蔼、谦恭、真诚等美好感情的外在表现。它是人际交往中的润滑剂，能够沟通心灵，有效缩短人与人之间的距离，给对方留下美好的心灵感受。

外观形象：不发声，肌肉放松，嘴角两端向上略微提起，面带笑意，使人如沐春风。

基本要点：发自内心，自然大方，亲切真诚。

切忌：生硬、虚伪，笑不由衷。放声大笑或笑得前俯后仰。

3. 服饰

服饰包括着装和饰品两方面，它是仪容的重要组成部分，是人际交往中的一种主要视觉对象。企业员工在工作期间必须按规定着装，工作时间着装以服务于工作、庄重大方为原则，应当整洁、整齐、方便、自然，符合员工身份。

工作时间着装切忌：脏、乱、奇、短、紧、露。花色不要过于鲜艳抢眼，款式不要过于奇特；过短的着装既不文明，也不美观；过紧的衣服会破坏服装的美感，暴露自己的"美中不足"；不应过分暴露，特别是女士，胸、肩、背、腰、脚趾、脚跟不要外露。在工作岗位上穿着企业制服，不仅是对服务对象的尊重，同时也起着标识、宣传企业的作用，使着装者有一种职业的自豪感、责任感，是敬业、乐业在服饰上的具体表现。

基本要求：整齐、清洁、挺括、大方。

4.3.2 通用服务礼仪示例

【规范前】

通过营业厅视频监控巡查，发现某营业厅有工作人员着装比较随意，长发未盘起并戴有夸张的头饰。

【规范后】

营业厅工作人员重新整理着装，更换了工作正装，盘起了散落的头发，如图4-3所示。

图4-3 通用服务礼仪示例

4.4 营业厅服务礼仪规范

供电营业厅是电网企业的对外服务窗口，是联系电网企业与社会的桥梁和纽带。供电营业员工的一言一行都体现着企业的作风和形象，事关工作质量和效率。必须从落实供电服务宗旨的高度，以客户满意为标准，掌握供电服务礼仪，科学地做好接待和服务工作。

4.4.1 营业厅服务礼仪基础知识

1. 营业厅服装

（1）着装，佩戴营业人员工号牌，男员工戴左侧上衣口袋处，女员工戴胸前第三个扣子以上部位（见图4-4）。服务人员上岗必须统一着装，工作装要保持整洁平整、无污渍。衬衫下摆不外露，袖口扣好，扣子须齐全，不漏扣、错扣；内衣与衬衫颜色反差不能过大。穿西装时，扣好领扣，系好领带，不得将领带置于松开状态，上衣口袋少装东西，裤子口袋不装东西，并做到不敞怀、不挽袖口和裤脚。鞋袜保持干净、卫生，鞋面洁净。在工作场所不穿拖鞋。

（2）饰品，既是对员工的美化和装饰，又是员工身份、地位、素质的体现。佩戴饰品要区分场合，注意身份，宜少而精，并注意饰品的风格、质地、色彩的搭配和数量。不戴墨镜，手腕部除手表外不得戴有其他装饰物（见图4-5）。不能佩戴造型奇异的戒指。佩戴耳饰数量不得超过一对，样式以素色耳针为宜。

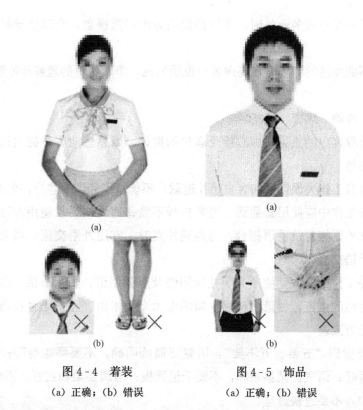

图 4-4 着装   图 4-5 饰品

（a）正确；（b）错误   （a）正确；（b）错误

2. 接待

基本要求：微笑、热情、真诚。

接待客户时，应面带微笑，目光专注，做到来有迎声，去有送声；为客户引导时走在左侧，让客户走在右侧，适当进行沟通介绍。无论接访的业务是否对口，接待人员都要认真倾听，热心引导，快速衔接，为客户提供准确的联系人、联系电话和地址。

3. 会话

基本要求：亲切、诚恳、谦虚。

（1）使用文明礼貌用语，严禁说脏话、忌语。

（2）语音清晰，语气诚恳，语速适中，语调平和，语意明确，言简意赅，提倡使用普通话。

（3）尽量少用生僻的电力专业术语，以免影响与客户的交流效果。

（4）认真倾听，注意谈话艺术，不随意打断客人。

（5）认真、仔细询问客户的办事意图，快速办理相关业务。

（6）在为客户办理业务过程中，应按照先后顺序进行办理。有多人排队等待时，应主动招呼轮候客户，示意请其稍作等候，积极疏导客户情绪，有效维持现场秩序。在办理当前客户业务时遵循"办一安二招呼三"，招呼第二顺位客户，请其稍等，并用眼神等招呼方式与第三顺位及其以后的客户进行交流，示意请其稍作等候。切不可因为接待当前客户而怠慢忽略了其他客户。

（7）接到同一客户较多业务时，要帮助他们分出轻重缓急，合理安排好前后顺序，缩短办事时间。

（8）遇到不能办理的业务时，要向客户说明情况，争取客户的理解和谅解。

4. 沟通

基本要求：冷静、理智、策略。

（1）耐心听取客户的意见，虚心接受客户的批评，诚恳感谢客户提出的建议，做到有则改之，无则加勉。

（2）如属自身工作失误，要向客户赔礼道歉；不能顶撞和训斥客户，更不能发生争执。

（3）在服务工作中应使用普通话。当客户听不懂普通话或要求使用方言时，可使用方言。营业厅设立外语柜台及手语柜台，当遇到外宾时，宜用外语交流；当为听障人士服务时，尽量使用手语交流。

（4）在服务工作中应自觉使用文明礼貌用语及服务用语，禁用脏话、忌语。与客户交流应使用通俗易懂的语言，尽量不使用生僻的电力专业术语。注重语言技巧，多使用客户容易接受的交流方式。

（5）声音要做到"五要、五不要"：语意要简练明确，不要啰唆唠叨；语音要清晰甜美，不要含糊吞吐；语气要诚恳亲和，不要干涩死板；语调要柔和友好，不要过高或过低；语速要平稳适中，不要过快过急。

（6）音量应视客户音量而定，但不应过于大声。当客户情绪激动大声讲话时，不要以同样的语调音量回应，而要轻声安抚客户，使客户的情绪平静下来。当遇到听力不好的客户，可适当提高音量。

（7）语速应平稳适中，不要过快过慢。对说话慢的客户要降低语速，对说话快的客户可适当加快语速；对听力不好的客户，应适当提高音量，放慢语速；当需要重点强调或客户听不明白时，可适当调整语速。

5. 柜台服务

基本要求：优质、高效、周全。

（1）至少提前10分钟上岗，检查计算机、打印机及服务器等，做好营业前的各项准备工作。

（2）实行首问负责制，被客户首先访问的工作人员，有责任引导客户办好各种手续。

（3）接待客户时，应起身相迎，微笑示座，认真倾听，准确答复。

（4）请客户填写业务登记表时，应将资料端平，正方朝向客户，摆放在客户面前，用标准手势示意，并提示客户参照书写示范样本填写。特殊情况下必须代客户填写资料时，填写时应保持与客户的交流，最后请客户签字确认。

（5）遇见熟人，应点头或微笑示意，不能因此影响手中的其他工作或急慢了正在办理的客户。

（6）坚持"先外后内"的原则，当有客户前来办理业务时，应立即放下手中的其他工作，马上接待客户。

（7）客户办完业务离开时，应微笑与客户告别。

（8）因前一位客户业务办理时间过长，让下一位客户久等时，应礼貌地向客户致歉。

（9）因系统出现故障而影响业务办理时，如短时间内可以恢复的，应请客户稍候，并致歉；需较长时间才能恢复的，除向客户道歉外，应留下客户的联系电话，另行预约。

（10）当客户的要求与政策法规及本企业制度相悖时，要向客户耐心解释，争取客户理解，不能与客户发生争执；当客户过于激动时，可由专人接待，并做好进一步解释工作。

（11）残疾人及行动不便的客户前来办理业务时，应上前搀扶，代办填表等事宜，并请客户留下联系地址和电话，以便上门服务。对听力不好的客户，声音应适当提高，语速放慢。

（12）临下班时，对于正在处理中的业务，应照常办理完毕后方可下班。下班前，仍有等候办理业务的客户，应正常办理完毕方可下班。

4.4.2 营业厅服务礼仪示例

【规范前】

客户进入供电营业大厅时，无工作人员主动引导、询问客户办理业务内容，待客户办理业务后未起身相送，客户自行离去。

【规范后】

供电营业厅工作人员看到客户进入大厅后，起身面带微笑向前迎接，并有礼貌地询问客户需要办理什么业务，引导客户前往对应窗口，待客户办理完业务，面带微笑目送客户离开（见图4-6）。

图4-6 营业厅服务礼仪示例

4.5 现场服务规范

对于供电公司人员来说，解决客户所急是供电公司的首要任务。现场服务工作的开展是企业面向社会的一道窗，服务规范及服务质量体现着企业的作风和形象，关乎着企业形象。

4.5.1 现场服务基础知识

1. 现场服务礼仪

（1）前往客户现场前，应与客户预约时间，讲明工作内容和工作地点，请客户予以配合；现场服务时，应按约定时间准时到达现场，高效服务。

（2）进入客户现场时，应主动出示工作证件，并进行自我介绍。

（3）到客户现场工作时，应携带必备的工具和材料。工具、材料应摆放有序，严禁乱堆乱放。如需借用客户物品，应征得客户同意，用完后应先清洁再轻放回原处，并向客户致谢。

（4）应遵守客户内部有关规章制度，尊重客户的民族习俗和宗教信仰。如在工作中损坏了客户原有设施，应恢复原状或等价赔偿。

（5）现场工作结束后应立即清理，不能遗留废弃物，做到设备、场地整洁。

2. 现场服务内容

现场服务内容包括处理新装、增容及变更用电，故障抢修，电费收取，电能计量装置校验，电能计量装置换装，保供电，服务信息告知，专线客户停电协商，能效公共服务，服务申请处理，及服务诉求收集等。

3. 新装、增容、变更用电、分布式电源并网及市政代工服务规范

（1）根据国家有关法律法规，本着平等、自愿、诚实信用的原则，以合同形式明确公司与客户双方的权利和义务，明确产权责任分界点，维护双方的合法权益。

（2）严格执行政府部门批准的收费项目和标准，严禁利用各种方式和手段变相扩大收费范围或提高收费标准。

（3）业务受理期限：低压居民新装（增容）、低压非居民客户新装（增容）、高压客户新装（增容）1个工作日。

（4）供电方案答复期限：未实行"三零"服务的低压非居民客户，不超过3个工作日；高压单电源客户不超过10个工作日，高压双电源客户不超过18个工作日。

（5）设计审查期限：高压客户不超过3个工作日。

（6）向高压客户提交拟签订的供用电合同文本（包括电费结算协议、调度协议、并网协议）期限：重要或有特殊负荷的客户自受电工程设计文件和有关资料审核通过后，不超过7个工作日；重要或有特殊负荷以外的客户，自供电方案确认后，不超过7个工作日；对于存在产权分界点变更的用户，在客户资料归档前完成《合同事项变更确认书》。

（7）中间检查期限：不超过2个工作日。

（8）竣工检验和装表接电期限：低压客户不超过2个工作日；高压客户不超过6个工作日；对于有特殊要求的客户，按照与客户约定的时间装表接电。

（9）全过程办电最长时间：低压居民客户不超过3个工作日；实行投资界面延伸的，

单电源高压客户不超过 60 个工作日，双电源高压客户不超过 80 个工作日；实行"三零"服务的低压非居民客户，不超过 20 个工作日。

（10）用户办理暂拆或复装手续后，供电企业应在 5 个工作日内执行暂拆或复装接电。

（11）居民用户更名、过户业务在正式受理且费用结清后，5 个工作日内办理完毕。暂停、临时性减容（无工程的）业务在正式受理后，5 个工作日内办理完毕。

（12）对基本电价计费方式变更、居民峰谷变更的改类业务，自受理之日起，不需换表的 2 个工作日内办理完毕，需换表的 5 个工作日内办理完毕；对调整需量用电的改类业务，自受理之日起 2 个工作日内办理完毕。

（13）分布式电源项目接入系统方案时限：

1）受理接入申请后，10kV 及以下电压等级接入，且单个并网点总装机容量不超过 6 兆瓦的分布式光伏单点并网项目不超过 20 个工作日，光伏多点并网项目不超过 30 个工作日，非光伏分布式电源项目不超过 40 个工作日。

2）受理接入申请后，35kV 电压等级接入、年自发自用电量大于 50％的分布式电源项目不超过 60 个工作日。

3）受理接入申请后，10kV 电压等级接入且单个并网点总装机容量超过 6 兆瓦、年自发自用电量大于 50％的分布式电源项目不超过 60 个工作日。

（14）分布式电源项目，在受理设计审查申请后，10 个工作日内答复审查意见。

（15）分布式电源项目，在受理并网验收及并网调试申请后，380（220）V 电压等级接入电网的，5 个工作日内完成关口计量和发电量计量装置安装、合同签订；10kV 及以上电压等级接入电网的，5 个工作日内完成关口计量和发电量计量装置安装、签订合同及《并网调度协议》。

（16）接入电网的分布式电源项目，在电能计量装置安装、合同和协议签署完毕后，5 个工作日内组织并网验收及并网调试。

（17）不准无故拒绝或拖延客户用电申请、增加办理条件和环节。对客户用电申请资料的缺件情况，受电工程设计文件的审核意见、中间检查和竣工检验的整改意见，均应以书面形式一次性完整告知，由双方签字确认并存档。

（18）严禁供电企业直接、间接或者变相指定用户受电工程的设计、施工和设备材料供应单位，限制或者排斥其他单位的公平竞争，侵犯用户自由选择权。

（19）回访时应了解客户在办电过程中对供电服务工作的评价及满意程度。高压新装、增容业务在业务受理环节和装表接电归档后 7 个工作日内分别开展回访；减容、暂停、分布式电源项目新装、低压新装、低压增容业务，在业务办理环节归档后 7 个工作日内集中开展一次回访。

4. 停、复电服务规范

（1）因故对客户实施停电时，应严格按照《供电营业规则》规定的程序办理。

（2）引起停电的原因消除后应及时恢复供电，不能及时恢复供电的，应向客户说明

原因。

5. 装表、接电及现场检查服务规范

（1）供电企业在新装、换装及现场校验后应对电能计量装置加封，并请客户在工作凭证上签章。如居民客户不在家，应以其他方式通知其电能表（也称电表）底数。拆回的电能计量装置应在表库至少存放 1 个月，以便客户提出异议时进行复核。

（2）按规程规定的周期检验或检定、轮换计费电能表，并对电能计量装置进行不定期检查。发现计量装置异常时，应及时查明原因并按规定处理。

（3）发现因客户责任引起的电能计量装置损坏，应礼貌地与客户分析损坏原因，由客户确认，并在工作单上签字。

（4）客户对计费电能表的准确性提出异议，并要求进行校验的，经有资质的电能计量技术鉴定机构检定，在允许误差范围内的，校验费由客户承担；超出允许误差范围的，校验费由供电企业承担，并按规定向客户退补相应电量的电费。

（5）高压客户计量装置换装应提前预约，并在约定时间内到达现场。换装后，应请客户核对表计底数并签字确认。

（6）低压客户电能表批量换装前，应至少提前 3 天在小区和单元张贴告知书，或在物业公司（居委会、村委会）备案，零散换装、故障换表可提前通知客户后换表；换装电能表前应对装在现场的原电能表表底示数拍照，换表后应请客户核对表计表底示数并签字确认，拆回的电能表应在表库至少存放 1 个抄表或电费结算周期。

6. 故障抢修服务规范

（1）供电抢修处理人员到达现场的时间一般为：城区范围 45 分钟，农村地区 90 分钟，特殊边远地区 2 小时。若因特殊恶劣天气或交通堵塞等客观因素无法按规定时限到达现场的，供电抢修处理人员应在规定时限内与客户联系、说明情况并预约到达现场时间，经客户同意后按预约时间到达现场。

（2）电网故障导致客户停电时，在故障点明确后 20 分钟内发布故障停电信息。客户查询故障抢修情况时，应告知客户当前抢修进度或抢修结果。

（3）供电抢修处理人员到达现场后恢复供电平均时间一般为：城区范围 3 小时，农村地区 4 小时。

7. 咨询服务规范

受理客户咨询时，对不能当即答复的，应说明原因，并在 5 个工作日内答复客户。

8. 投诉、举报、意见和建议受理服务规范

（1）受理客户投诉后，24 小时内联系客户 5 个工作日内答复客户。

（2）受理客户举报、建议、意见业务后，应在 10 个工作日内答复客户。

（3）处理客户投诉应以事实为依据，以法律为准绳，以维护客户的合法权益和保护国有财产不受侵犯为原则。

（4）建立投诉、举报、意见回访闭环管控机制。除客户明确提出不需回访及匿名外，均应开展回访工作，坚持"谁受理、谁回访"的原则，不得多级回访。

（5）严格保密制度，尊重客户意愿，满足客户匿名需求，为投诉举报人做好保密工作。

（6）不准阻塞客户投诉举报渠道，不准隐瞒、隐匿、销毁投诉举报情况，不准打击报复投诉举报人。

9. 客户欠费停电告知服务规范

智能交费、购电制客户测算电费余额不足依合同（协议）采用停电措施的，经预警后实施远程停电，及时续交电费后24小时内恢复供电；后付费客户欠电费需依法采用停电措施的，提前7天送达停电通知，费用结清后24小时内恢复供电。

4.5.2 现场服务礼仪示例

【规范前】

某日某供电所台区经理按规定为客户进行故障维修，来到客户家中闲聊几句便开始工作，工作结束后仅告知客户故障已维修完毕便离开。

【规范后】

供电所台区经理到达现场前应与客户预约时间，讲明工作内容和工作地点，请客户予以配合；与客户会面时，应主动出示证件，并自我介绍；按照作业过程开展作业；工作结束后，应清理好现场，不能留有残留物和污渍，做到"工完、料净、场地清"。同时主动征求客户意见，并将本部门联系电话留给客户。

4.6 话务服务礼仪规范

客服工作都是直接与人打交道的，通常客户拨打电话时是遇见了难以解决的问题，因此心理情绪是不稳定的，故与客户沟通的时候，话务服务礼仪是非常有必要的。

4.6.1 话务服务礼仪基础知识

基本要求：畅通、方便、高效。

（1）营业期间保持电话不间断服务，电话铃响三声内接听。接电话时应首先向对方问好，并报出营业厅名称。

（2）办理业务时如有电话打来，先向客户致歉后再接电话；如果来电事务不易马上处理，应向来电人员说明正在办理业务并留下对方电话号码，等业务处理完毕后再回复来电。

（3）接听电话过程中，应专心聆听，适时响应，重要内容要注意重复确认，若客户表述不清时，应用客气周到的语言引导或提示客户，不随意打断客户的话语。通话结束时，服务人员应等客户先挂机后才能挂电话，不能强行挂断。受理电话咨询业务时，应耐心细致答复；不能当即答复的，应向客户致歉并留下客户联系方式，按规定或约定期限尽快答复客户。

（4）接到客户电话报修和投诉时，应按有关规定进行处理；若遇特殊情况，详细记录，并立即按照规定通知有关部门处理，跟踪故障报修及投诉处理情况，确保兑现服务承诺。

（5）当客户打错电话时，服务人员应主动告知后礼貌挂机。对带有主观恶意的骚扰电话，可用恰当的言语警告后先行挂断电话并向上级领导汇报。

4.6.2　话务服务礼仪示例

【规范前】

某日夜间，天气燥热，客户家中停电，拨打"95598"热线，铃声响了5声接通。

客户："我们家停电了，什么时候来电？"

坐席人员："你好，先生，请报一下您家的户号，我这边核实一下。"

客户："好，户号是5745321，你们速度快点儿，家里有孩子，承受不住啊。"

坐席人员："先生您好，经核实，您家是因为欠费停电，可通过网上国网APP、支付宝或微信等均可缴纳电费。"

客户："好，知道了。"

【规范后】

某日夜间，天气燥热，客户家中停电，拨打"95598"热线，铃声响了2声接通。

语音播报：工号123455为您服务。

坐席人员："您好！请问需要什么帮助？"

客户："我们家停电了，什么时候来电？"

坐席人员："先生您好，停电给您带来不便，我们深表歉意。请报一下您家地址及户号，我核实一下停电原因。"

客户："好，户号是5745321，你们速度快点儿，家里有孩子，承受不住啊。"

坐席人员："好的先生，我帮您核实下，请稍等。很抱歉让您久等了！经核实，您家里因为欠费导致的停电。您可通过网上国网APP、支付宝或微信等渠道交纳电费，足额交费成功后半小时至两小时系统会自动恢复送电，结合您的实际情况，我将关注您的交费信息，交费成功后，联系工作人员尽快给您恢复送电。给您带来不便，我们再次表示抱歉！"

客户："好，知道了。"

坐席人员："还有其他可以帮您的吗？"

客户："没了。"

坐席人员："好的，感谢您的来电，再见！"

4.7　微信服务礼仪

微信是一种在互联网上通过关注机制、分享简短实时信息的广播式的社交网络平台，具有简单方便、内容多元、传播迅速、交互性强、内容开放等特点。微信使用人数很多，使用微信的时候应该注意微信礼仪。

4.7.1　微信服务礼仪基础知识

1. 微信的展示

（1）昵称，积极向上，具有正能量。

（2）头像，使用健康、积极的图片，如果微信用于商务交往，最好用本人职业照，且尽可能接近本人相貌照片。工作人员可拍摄穿戴工作服的免冠照片作为头像，便于客户快速查找及认出服务人员。

（3）签名，备注一些有用信息，可以让客户第一眼就能看到他想得知的信息。

2. 加微信礼仪

（1）微信扫码添加好友微信：按照礼仪长幼有序、主客适宜的原则。

（2）在主动添加好友时，需简单备注介绍及添加理由，并主动问候或简单自我介绍。

（3）添加好友后应第一时间修改备注。

3. 发微信礼仪

（1）发消息的时间不应过早、过晚，应避开休息时间。

（2）发信息时不应问"在吗"，要把事情直接表达出来，便于对方回复。

（3）打语音或视频电话前应先询问对方是否方便，不可贸然拨打。

（4）回复信息时应以文字的方式发给对方，不要发截图。

（5）转发文字或链接时，应注明出处、转发原因及接收群体需要关注事项。

（6）若需发文件给对方，应提前询问对方接收方式。

（7）工作微信原则上不发语音，优先选择文字，做到内容简洁、清晰明朗、排版整齐。

4. 收微信礼仪

（1）看到微信信息时须及时回复。

（2）如果是接收到语言类的工作微信，不方便接听时，可以回复"现在不方便接听语音，如有急事，可以发送文字。"或选用微信的"语音转文字"功能。

（3）对于重要的信息最好置顶，避免遗漏。

（4）如果收到工作上的信息，但暂时没空处理的话，建议回复"已收到，现在手头有其他工作（在外出中或开会中），晚点再回复您。"

（5）在工作时收到消息，为避免后期忘记内容可使用"提醒"功能。

5. 微信群礼仪

（1）拉群：如果想邀请某人进群，最好先征得对方同意。群主应向群成员介绍群功能，如果人数不多，比如工作群，最好介绍一下群成员，这些细节会让群成员获得良好的感受，也有助于工作的顺利开展。

（2）群昵称和群名称：建议针对群的主题修改群昵称和群名称。

6. 朋友圈礼仪

微信群不发不适合朋友圈宣传的内容：不发个人生活琐碎和烦恼的事。涉及国家和工作单位机密不要乱发。不发带有明显政治激进色彩的内容和图片。不发过分低级庸俗的内容和图片。不发泄露个人隐私性质的内容和图片。对不确定的新闻，不要转发。

4.7.2 微信服务礼仪示例

【规范前】

某日某供电所台区经理在微信群发停电信息："大家好，今天咱们村的线路被货车挂断了，来电还不知道什么时候，请大家等待。"

【规范后】

某日某供电所台区经理在微信群中发布停电信息："尊敬的客户，因辖区内线路被货车挂断，导致供电暂时中断，工作人员已到达现场抢修，给您造成不便，敬请谅解。稍后我会在群中及时更新抢修进度及供电恢复时间，如有问题请随时与我联系（服务电话188××
×××××)。"

第二部分 业务指导

第5章 面临问题与管控方向

5.1 导言

5.1.1 服务意义

人民群众对供电的需求不断从传统的"用上电"向"用好电""高效办电""舒心用电"转变，呈现个性化、智能化、合规化特征，对客户服务工作转型升级、变革发展提出了更新、更高的要求。面对新形势、新任务，更需要聚焦群众关心关切的突出问题，全力优化服务机制、提升供电质量、防控业务风险、强化质量监督，通过客户全渠道诉求同质化管理和营销全业务数字化管控，扎实解决客户在用电过程中的实际问题，实现供电服务质效的本质提升，彰显企业责任担当，树立良好品牌形象。

5.1.2 指导思想

贯彻落实党的二十大精神，聚焦卓越供电服务体系建设，围绕服务质量管理和营销业务执行合规管理两大主题，强化营销数字化转型升级，做精网格服务体系，做强服务质量管控，做优业务风险防控，做实信息系统应用。树立全员营销意识，推进"一次办妥"服务，提高客户服务便利性和效率。加强对供电设施的维护和监测，确保稳定供电。建成理念更深入、手段更先进、运营更高效、队伍更专业、品质更优秀的卓越供电服务体系，全面提升人民群众用电满意度和获得感，在助力公司服务工作高质量发展、树立公司品牌形象中做出应有的贡献。

5.2 面临问题

5.2.1 外部形势方面

1. 外界对服务要求更高

进入新发展阶段，客户类型和能源消费方式发生深刻变化，客户和社会各界对服务的便捷性、互动性和高品质提出了更高要求，客户需求日益提高。客户用电需求增速远高于电网建设发展速度，且河南特有的城乡二元结构带来的用电诉求差异性，对客户服务转型升级和变革发展也提出了更高的要求。

2. 外部渠道监管压力大

一是服务问题外溢至"12345"政务服务便民热线、"12398"能源监管热线风险加大。存在"95598"等公司内部服务渠道客户诉求响应不及时、处理不彻底等因素引发的服务外溢问题，外部渠道监管压力进一步加大。二是自媒体发展导致舆情风险加大。伴随抖音、微博等自媒体发展，舆论监督力度随之增强，舆情风险管控难度较大。

5.2.2　内部管理方面

1. 供电可靠性有待提高

供电质量问题仍然是痛点、难点，也是投诉、意见工单派发的热点。部分地区农配网基础依然薄弱，农网老旧设备存量较大，抵御恶劣天气能力不足，度冬、度夏期间设备故障率高；负荷管理工作仍需提升。负荷高峰时段存在主变压器重过载问题，为保障电网和设备安全，存在拉闸限电情况，停电管理有待加强。

2. 合规管理意识有待增强

从审计发现问题看，部分单位服务理念落地不实。不同程度存在电价执行不规范、购电业务不合规、业扩报装"体外循环"，私自增设办电条件，以物资材料不足为由，拖延办理或要求客户出资到指定地点购买，或未按承诺时间装表接电、自立收费项目等情况，工作人员合规意识仍有待增强。

3. 适应转型挑战能力有待提升

目前随着营销 2.0、采集 2.0 等建设应用，以及 RPA 技术、数字化供电所的推广，营销作业手段、客户服务模式已发生较大变化。一些干部员工对新型电力系统、电力市场建设等政策把握不够，对电力负荷管理、数字化转型、机制优化、新的电价政策等方面研究不够，个别同志担当精神、攻坚克难劲头不足。

4. 内部政策变化挑战大

一是面临国网服务评价体系变化。国家电网有限公司对供电服务指标评价标准调整，新的投诉总量取数口径分别为"95595"投诉、"12398"投诉、三级以上舆情，投诉指标管控压力较大。二是面临本地服务渠道体系变化。本地服务电话已取消，同时国家电网有限公司要求加强网格服务渠道及电子服务渠道管理，实现服务质量有效管控。目前全省客户诉求渠道多元化、客户服务体验有所差异，部分服务渠道无法录音、无法制单，质量管控缺失，存在极大的诉求"重复、升级、外溢"的服务风险。

5.3　管控方向

5.3.1　营销领域

聚焦卓越供电服务体系建设，围绕客户诉求渠道服务质量管理和营销业务执行合规管理两大主题，做精网格服务体系，做强服务质量管控，做优业务风险防控，做实信息系统应用，全面提升人民群众用电满意度和获得感。

1. 提升网格化服务质效

加强网格化供电服务，持续提升客户诉求渠道服务质量管理水平，全省推广"我要找电工"小程序、"豫电小哥"微信群供电区域覆盖应用。

大力实施社网共建。延伸服务网络，贴近用户高效服务，构建融合高效的政企合作体系和政电服务网络，促进三级网格高效运转。

加快城区班组数字化转型。深化复用数字化供电所建设成果，聚焦城区高频业务场景，开展城区班组数字化转型试点建设，配置"手机＋背夹"、4G 视频对讲机等数字化工具，打造城区网格化精益服务"河南样板"。

畅通主动服务渠道。稳步推进"豫电小哥"智能化应用，大力推广"我要找电工"微信小程序，实现客户和客户经理"快速结对、高效服务"，做到"找到人，办成事，很满意"。

完善日常回访机制。落实常态化"四访四问"❶ 服务走访举措，主动回访敏感客户，提前防范化解服务风险。运用数字化走访管理辅助工具，实现服务走访全流程可视化管理，开展走访质效评价，杜绝纸面走访、"作秀式"走访。

深化客户标签应用。针对政府机关、生命线工程等重要用户和空巢老人、留守儿童、出租转供等特殊群体进行标签信息录入，建立"及时更新、随时调用"的客户走访云台账，辅助开展走访管理。通过智能分析网格服务电话录音、历史工单诉求等多源信息，掌握客户交费习惯、诉求情况，负荷曲线、能效水平等信息，结合业务需要，挖掘复合型客户标签，提高客户画像精准度及业务支撑有效性。

2. 强化全渠道服务质量管控

深化全渠道服务质量管理。持续强化网格服务电话、供电所电话、外部渠道、线上自建渠道等全量客户诉求监督和闭环管控，按月对市县公司运营管理质量和服务质量进行监督及评价，实现"诉求工单化、工单线上化、线上闭环化"。

开展客户诉求全流程可视化研究。加快客户诉求触点全交互建设，按照客户诉求全流程节点可观可控模式，通过渠道贯通、数据融合，实现客户侧查看诉求业务办理进程，业务关键节点预警督办，为客户提供业务办理流程查询评价服务。

强化诉求升级外溢管控力度。开展全渠道投诉调查流程数字化管理，压实属地责任，对国网重大服务信息、敏感意见、国网转办舆情提级督办。加强"营纪协同"联防联治，完善与纪委办建立供电服务突出问题协同治理工作制度，开展会商研判、双向移交、督导整改等常态化工作，刚性执行供电服务行风调查"事不过夜"，重点对供电服务突出问题开展省级核查，充分发挥正风肃纪震慑力。

3. 强化营销业务合规管理

开展内控工作台应用推广，强化专业协同联防联治，发挥质量专业的营销审计作用，

---

❶ "四访四问"：停电必访、专项回访、定期拜访、服务走访，问用电需求、问生产经营、问能效水平、问意见建议。

筑牢"事前校验、事中预警、事后稽查"三道防线。

推动合规管理水平提升。从完善营销稽查主题规则着手，构建智能稽查标签体系，建立主题动态修订、白名单和预警处置三个工作机制，推动事后稽查向"事前校验、事中预警、事后稽查"的风险立体防控模式转型。探索实践异常问题分段、分级管控模式，基层以自主稽查为抓手，逐步形成自管、自控、自愈的良性模式。

强化专业协同联防联治。发挥营销稽查内部审计作用，聚焦重大政策实施、重点工作部署和专业任务开展，在新阶梯电价执行合规性、分布式光伏超容发电、计量资产管理等方面开展专项稽查。聚焦"事前、事中、事后"三道防线发现问题，以会商会形式开展专业研讨，提出优化建议。深化"专业＋稽查"的工作模式，真正实现"稽查分析督办、专业核实整改"工作界面。

5.3.2 生产领域

1. 强化供电质量问题治理

加强计划停电综合管理，按照"一停多用"原则，综合统筹计划停电，严控计划停电次数。同一供电范围的设备计划停电全年不得超过 3 次，3 个月内不得重复安排计划停电[1]，10 千伏线路、公变台区一年内停电次数不超过 5 次和连续 60 天停电次数不超过 3 次。所有涉及停电的计划检修、配网建设和业扩等项目，原则上采用不停电作业方式，计划停电严控停电时长，避免延期送电。

加强设备运维管理。落实"设备主人"职责，坚决杜绝"不坏不修"的观念，严格落实设备巡视制度，对故障率高、运行环境恶劣的设备要增加巡视、检测频次，对设备缺陷、树障隐患、外破风险和负荷变化等情况要做好早发现、早预防、早治理。加大先进装备投入，利用现代化设备更快捷、安全地发现设备存在问题。加强配电线路保护管理，开展全面核查建档，合理配置变电站出口速断保护时限，与下级分段、分支开关实现级差配合，缩小停电范围。

加强频繁停电线路问题治理。对于已构成频繁停电的线路，聚焦问题频发地区集中发力，严格落实治理进度"周通报、月分析"、新增问题"13720"[2]闭环管控、超期问题预警督办等工作措施，开展问题整改成效验证分析，确保问题闭环治理到位。做好供电可靠性全过程和预算式管控，持续开展电能质量系统可靠性基础数据治理，提升停电数据填报准确性、完整性，加强停电原因分析，减少停电频次。

2. 加强抢修服务能力提升

提升抢修服务效率。对故障停电，采取"先复电、再抢修"的治理措施，在确保安全

---

[1] 同一供电范围的设备计划停电全年不得超过 3 次，3 个月内不得重复安排计划停电：出自 Q/GDW 10403—2021《供电服务标准》。

[2] "13720"为 1 个工作日完成问题调查，3 个工作日确定治理方案，7 个工作日完成运维手段治理，通过运行维护手段无法达到预期目标的，申报电网改造需求，并在 2 个月内完成彻底改造任务；治理完毕后，应至少实施半年的跟踪监管，确保问题 0 反弹。

的前提下采取试送电方式确定故障区间，优先隔离故障并恢复非故障区域的供电，再尽快抢修恢复正常供电。提前备足抢修队伍、车辆、物资等，做好 24 小时应急处置准备；优化抢修管理流程，明确各岗位人员职责范围，发生故障停电时第一时间按照职责进行抢修；提高抢修人员业务技能水平，提升查找、处理故障能力，缩短抢修复电时长。

严控抢修人员到达现场时限。严格控制抢修人员到达现场时间，按照"城区不超过 45 分钟，农村地区不超过 90 分钟，特殊边远地区不超过 120 分钟"严格执行。如因特殊情况无法在规定时间内到达的，须与客户约定到达现场时间，并按照约定时间到达。通过"豫电助手""集约管控平台"对抢修到达现场时间、抢修质量进行全面管控。

规范抢修人员服务行为。着力增强抢修人员服务和风险意识，加强案例、服务技巧学习，规范使用行为记录仪，杜绝在抢修工作中出现推诿、搪塞、谩骂、威胁、侮辱客户；杜绝使用不文明、不礼貌用语回复客户，与客户争吵、发生肢体冲突的行为；杜绝抢修人员在工作时间饮酒及酒后上岗、不执行首问负责制、泄露客户信息等行为；杜绝抢修工作过程中自立收费项目行为。

加强停送电信息管理。强化停送电信息公告管理，通过微信群、短信、现场张贴公告等多种渠道及时发布停电信息。计划停电提前 7 天通知客户，临时停电提前 1 天通知客户，故障停电时，实时告知客户抢修进度，推送抢修图片，告知客户预计送电时间，安抚客户情绪，取得客户理解。

5.3.3 建设领域

1. 不断完善文明施工机制建设

聚焦文明施工突出问题，省级层面持续更新电网建设施工领域投诉专项治理方案，明确各管理单位主体责任。市县公司强化合同约束，完善合同条款，将文明施工等要求纳入履约评价，明确违约处罚标准，提升参建单位重视程度。项目管理单位制定文明施工风险清单，便于逐项工程分析服务风险，做到"强化事前防范、严格事中管控、落实事后追责"。

2. 持续提升参建队伍服务水平

培养施工人员的文明施工敏感意识，开展参建人员文明施工行为规范专题培训，抓关键人员管控，规范现场施工人员的言行举止，强化施工人员服务意识，特别加强劳务分包、临时用工人员管理。要求各级人员牢固树立"服务无小事"思想，各级单位层层分解管控任务，实行干部分片包干制，突出问题市县公司建立领导挂帅督办制，条块结合，形成合力，稳步推进电网建设与文明施工管控工作。

3. 加强文明施工过程管控

在工程交底阶段，提出现场文明施工、防范服务争议的相关要求。将文明施工纳入工程监督工作重点，强化施工单位现场文明施工的责任落实，项目管理单位组织对在建工程进行全覆盖巡视和关键工序旁站，严查通道协调、施工告知、施工赔偿、施工恢复等高风险服务争议事项，监督作业人员行为、言语及其他文明管控措施落实情况。加大现场检查频次和力度，确保各级管理责任落实到位，各项管理要求有效执行。

4. 严格文明施工问题惩处

针对现场不文明施工、人员言语、态度等问题，严格按照合同执行经济处罚、进入黑名单、暂停合同等处理措施，按照服务事件"过程未查清不放过、责任单位（部门）未追责不放过、责任人未处理不放过、整改措施未落实不放过"的原则，严肃事件闭环整改，达到"发生一例，警示一片"的目的。

第6章 风 险 管 控

6.1 通用风险防范

6.1.1 通用业务风险

通用业务风险包括服务过程态度欠佳风险、服务行为不规范风险、首问负责制未落实风险、工作过程中发生差错未及时处理或处理不当风险、人员涉及行风廉政风险、知识库内容未及时更新。

【风险点 1】服务过程态度欠佳风险

工作人员在与客户服务过程中没有站在客户角度进行有效服务，对客户提出的诉求及问题不能及时解决，存在推诿搪塞现象，不能及时耐心地给予解答，使客户对供电企业产生不良感知。

形成原因 1：对本岗位的业务知识和相关技能不熟悉，无法及时有效地解决客户所反映的问题。

形成原因 2：职业素养有待加强，服务意识淡薄，面对客户提出超出业务范围外的问题无法有效地制定应对策略，导致事态进一步升级。

形成原因 3：管理人员未能及时关注员工精神状态和心态，未有效疏导不良情绪或及时调整员工工作岗位，导致工作人员与客户接触引发事件升级。

政策依据

(1)《国家电网有限公司员工服务"十个不准"》（修订版）第六条不准漠视客户合理用电诉求、推诿搪塞怠慢客户。

(2)《国家电网有限公司供电服务标准》服务人员行为标准，熟悉国家和电力行业相关政策、法律、法规的相关规定，掌握公司优质服务基本要求、沟通技巧、业务知识等；熟知本岗位的业务知识和相关技能，岗位操作规范、熟练，具有合格的专业技术水平；严格执行供电服务相关工作规范和质量标准，保质保量完成本职工作，为客户提供专业、高效的供电服务；主动了解客户用电服务需求，创新服务方式，丰富服务内涵，为客户提供更便捷、更透明、更温馨的服务，持续改善客户体验。

防范措施

(1)按照《国家电网有限公司供电服务标准》接待客户时，应礼貌、谦和、热情。与客户会话时，使用规范化文明用语，提倡使用普通话，态度亲切、诚恳，做到有问必答，尽量少用生僻的电力专业术语，不得使用服务禁语。工作发生差错时，应及时更正并向客户致歉。

（2）当客户的要求与政策、法律、法规及公司制度相悖时，应向客户耐心解释，争取客户理解，做到有理有节。遇有客户提出不合理要求时，应向客户委婉说明。不得与客户发生争吵。

（3）专业部门要加强人员服务过程管控，及时对服务现场监督设备进行抽查，及时对违规行为进行督导整改。

【风险点2】服务行为不规范风险

客户服务过程中，工作人员服务技巧欠缺，业务不熟练导致业务操作不规范；对客户所提出的用电问题缺乏主动告知、一次性告知意识，导致客户用电问题不能及时有效解决。

形成原因1：工作人员业务技能欠缺，岗位操作不熟练，无法为客户提供快速准确的办电业务。

形成原因2：工作人员主动服务意识欠缺，对客户提出的用电问题不能一次性告知，也未使用其他告知方式（短信、电话）进行告知，造成客户重复往返、重复来电或供用电双方信息的不对称的情况。

形成原因3：工作人员保密意识弱，在未确认来访人员身份的情况下向其透露客户信息，造成客户信息外露舆情风险。

形成原因4：对自身的言行举止过于随意，承诺客户的要求未能按时兑现，引发违诺事件的发生。

政策依据

（1）《国家电网有限公司员工服务"十个不准"》（修订版）第五条不准擅自变更客户用电信息、对外泄露客户个人信息及商业秘密。

（2）《国家电网有限公司供电服务标准》6.3.1咨询服务内容供电企业为客户提供电价电费、停送电信息、供电服务信息、用电业务、业务收费、客户资料、计量装置、法律法规、服务规范、能效公共服务、电动汽车充换电、用电技术及常识等内容的咨询服务。

6.3.5渠道质量标准—受理客户咨询时，对不能当即答复的，应说明原因，并在5个工作日内答复客户。

5.1.8渠道质量标准—实行首问负责制、一次性告知和限时办结制。居民客户收费办理时间一般每件不超过5分钟，用电业务办理时间一般每件不超过20分钟。

7.2.2服务技能—熟知本岗位的业务知识和相关技能，岗位操作规范、熟练，具有合格的专业技术水平。

防范措施

（1）强化工作人员技能培训，提高业务水平。

（2）形成主动告知意识，在受理客户用电诉求过程中，一次性告知客户用电业务所有相关信息，避免出现客户多次往返、多次致电的现象发生。窗口单位要及时公示电价、办电流程等相关信息；现场抢修人员在处理故障业务时，主动联系客户，做好现场故障原因、抢修进度的解释和告知工作。

（3）严格对客户信息进行保密，不随意泄露客户个人信息和商业秘密。若客户致电或临柜查询个人信息时，要求客户提供有效身份证明，核实后方可告知。

（4）与客户约时办理的事件，要主动告知事件处理进度，在约定时间内为客户办理。因特殊原因无法在约定时间内办理的，要在约定时间前致电客户解释原因，争取理解。

（5）相关专业、班（所）要定期学习《国家电网有限公司供电服务标准》相关要求，并严格按照规范执行。

【风险点3】首问负责制未落实风险

对于客户用电诉求，首位接待存在推诿现象，不能及时将客户诉求解决并登记后快速衔接形成闭环，造成客户不良感知，影响客户情绪。

形成原因1：工作人员责任心不强，不能做到首位接待时认真聆听、热情引导、快速衔接。

形成原因2：未及时登记客户诉求或登记后未形成闭环。

形成原因3：客户反映问题不在本人责任范围内，未及时为客户提供有效解决途径，也未及时联系相关人员处理。

政策依据

（1）《国家电网有限公司供电服务标准》渠道质量标准—实行首问负责制、一次性告知和限时办结制。居民客户收费办理时间一般每件不超过5分钟，用电业务办理时间一般每件不超过20分钟。

（2）《国家电网有限公司员工服务"十个不准"》（修订版）第六条不准漠视客户合理用电诉求、推诿搪塞怠慢客户。

防范措施

（1）在受理客户反映问题时，要及时进行记录，做好相关解释工作，并全过程跟踪闭环。

（2）客户诉求不属于本人工作范围时，首位接待人员在了解客户诉求后进行记录，并告知客户诉求已记录，随后将由专业人员与其联系并解答。接待结束应立即将该诉求进行上级报告，确定处理人员后要第一时间与客户进行联系解答，并将处理结果告知首位接待人员，形成闭环。

（3）建立客户诉求跟踪闭环机制，对当场未闭环的客户诉求进行登记、跟踪、闭环。

【风险点4】工作过程中发生差错未及时处理或处理不当风险

客户服务过程中发生差错，工作人员未及时采取补救措施，发生问题后未即刻与客户联系沟通，给客户造成不便从而升级其他服务事件。

形成原因1：人为操作失误，对客户相关信息在系统中录入错误，导致电价执行、客户信息等相关内容与实际不符。

形成原因2：造成差错后，认为自己可以解决，未第一时间与客户解释沟通，后期导致差错升级引起客户不满。

政策依据

《国家电网有限公司供电服务标准》7.3.2 服务礼仪——为客户提供服务时，应礼貌、谦和、热情。与客户会话时，使用规范化文明用语，提倡使用普通话，态度亲切、诚恳，做到有问必答，尽量少用生僻的电力专业术语，不得使用服务禁语。工作发生差错时，应及时更正并向客户致歉。

防范措施

(1) 在工作过程中，发现问题后应第一时间使用录音电话与客户取得联系，向客户致歉，协商后续补救措施。

(2) 核实工作差错发生的原因，制定相关的防范措施，杜绝同类问题发生。

(3) 经与客户协商后，由专人进行事件的督办，确保问题闭环，客户满意。

【风险点5】人员涉及行风廉政风险

工作人员利用工作之便向客户索要或收受礼品礼金，以电谋私，内外勾结损害企业利益、形象。

形成原因1：现场服务过程中，工作人员接受客户递烟、吃请，后期未对客户诉求服务到位，引发客户不满。

形成原因2：查处窃电过程中，收受窃电用户吃请、礼品礼金，对其处罚金额进行减免。

形成原因3：业扩报装客户工程中，存在利用岗位之便以电谋私。

政策依据

(1)《国家电网有限公司员工服务"十个不准"》(修订版)第九条不准接受客户吃请和收受客户礼品、礼金、有价证券等；第十条不准利用岗位与工作便利侵害客户利益、为个人及亲友谋取不正当利益。

(2)《国家电网有限公司供电服务标准》7.1.1 服务人员行为标准——基本道德——严格遵守国家法律、法规，诚实守信、恪守承诺。爱岗敬业，乐于奉献，廉洁自律，秉公办事。

防范措施

(1) 属地单位定期对关键岗位、敏感岗位人员开展培训教育，在工作过程中严格遵守廉洁从业要求。

(2) 建立行风廉政监督考核机制，加强监督管理，明确考核标准，督促各岗位人员遵守相关工作规定。

(3) 现场服务时，工作人员要两人及以上，做好互相监督，发现其他工作人员存在廉政问题的，应及时制止。

【风险点6】知识库内容未及时更新

供电服务指挥平台中的知识库内容未及时更新，导致坐席人员在受理客户用电诉求时无法及时、准确地给予解答，造成服务风险隐患。

形成原因1：属地单位知识库管理机制不完善，未定期核查知识库内容，过期失效内容未及时下线，新增内容未及时录入更新。

形成原因 2：专业部室在相关专业要求或政策变更时，主动进行知识库报送意识不强。

政策依据

《国家电网有限公司 95598 客户服务业务管理办法》各省公司营销部、国网电动汽车公司及国网电商公司每年组织一次对知识库的全面审核，确保内容完整、准确、适用，满足客户服务需求；受理客户咨询或国网客服中心接收到外部渠道转办的客户咨询后，应详细记录客户信息、咨询内容、联系方式、是否需要回复等信息。通过知识库、用户基本信息、停送电信息、业务工单查询咨询等，能直接答复的，应直接答复办结工单。

防范措施

（1）加强基层人员培训，对知识库的针对性、重要性、必要性要宣贯到岗到位。

（2）制定"95598"知识库管理机制，定期核查、清理知识库内容，明确业务知识发生变更后在规定时限内上报。

6.1.2　通用业务风险典型案例

【典型案例 1】业务不熟又推诿，客户不满惹投诉

客户来电反映，4 月 27、28 日两次到当地供电营业厅刷卡交费，工作人员均告知收费人员生病请假，无法为客户服务，造成其重复往返，客户表示非常不满。

核查情况

客户投诉属实，4 月 27 日收费人员生病住院，当日值班人员对此项业务不熟悉，告知客户 28 日再来。4 月 28 日，客户再次到营业厅办理此项业务，又一名工作人员告知客户自己对此项业务不熟悉，无法为客户提供服务，导致客户重复往返，引发投诉。

暴露问题

（1）营业厅工作人员业务不熟练，缺乏应有的责任心与主动服务意识，推诿、搪塞客户，造成客户重复往返。

（2）营业厅管理不规范，缺乏人员工作替补制度，未及时解决客户诉求。

防范措施

（1）增强营业厅工作人员责任意识，切实提升营业厅工作人员的业务素质，严禁推诿拒绝，造成客户重复往返。

（2）加强营业厅管理，强化营业厅工作人员培训，提升业务技能水平，完善人员工作替补制度，及时解决客户诉求。

【典型案例 2】一次告知当摆设，客户往返体验差

某客户投诉，当日到营业厅办理开具居民增值税纸质普通发票业务时，工作人员存在未"一次性告知"，造成客户重复往返问题。

核查情况

客户反映情况属实。客户为租户，19 日 11 时到营业厅办理换开发票业务并告知工作人员自己为燃气公司人员，要求打印增值税发票，沟通过程中，工作人员未通过系统查看电费票据为低压居民，主观认为客户打印发票为企业性质，要求提供营业执照，因客户未携带所需材料便离开营业厅，随后客户拨打"95598"咨询，坐席员告知若是租户，打印普通增值税发票携带交费凭证即可，之后客户路过营业厅，再次询问是否可以开具个人发票，该工作人员仍告知客户需携带营业执照办理，引发客户投诉，目前客户已通过网上国网App渠道打印电子发票。

暴露问题

（1）营业厅工作人员业务能力差、责任心不强、服务意识欠缺、未主动服务、未执行首问负责制。

（2）营业厅管理不到位，工作人员出现差错时未及时有效纠正。

防范措施

（1）严格落实"首问负责制"，提升工作人员服务意识，及时处理客户诉求。

（2）开展服务规范、典型投诉案例培训，提高营业厅人员服务风险防范意识。

（3）加强营业厅人员业务技能培训，提高业务能力。

（4）对推诿、搪塞客户现象，严肃处理。

【典型案例3】互相推诿不能要，首问负责最重要

客户来电反映，到营业厅申请新装电能表时，工作人员让其找所长办理，所长让找班长办理，班长又让找营业厅办理，客户回到营业厅后工作人员仍然拒绝受理，造成客户重复往返，客户表示非常不满。

核查情况

客户反映情况属实。因客户居住在县城，申请装表地址为农村老房子，多年未用电且装表后不一定居住，工作人员告知客户如长期不用电会被停止供电，客户不相信此规定，工作人员便让客户咨询所长，所长向客户解释后又安排班长查询客户之前是否有户号，班长查询后告诉客户可去营业厅办理，营业厅人员不确定是否能办理又再次请示所长，引发客户投诉。

暴露问题

基层工作人员在业务技能、服务意识、工作态度、工作责任心等方面欠缺，没有做到真心实意为客户着想，急客户之所急，积极处理客户诉求，推诿急慢引发投诉。

防范措施

（1）加强供电所人员业扩报装业务培训，避免不熟悉业务，"想当然"引发投诉。

（2）增强服务意识，以客户为中心，多换位思考，想客户之所想，急客户之所急。

（3）对服务推诿、业务不熟练人员严肃处理。

【典型案例4】收费连续出差错，马虎大意要不得

客户来电反映，当日携带购电卡前往营业厅交100元电费，工作人员错将其电费交到其他客户的账户上，又再次向客户收取50元电费，但只给其账户交费20元，剩余30元未入账，客户表示非常不满。

核查情况

客户投诉属实，工作人员错交电费后未及时退补，而且再次收费后，又未按实际收取金额录入系统，引发客户不满，造成投诉。现已责令工作人员将多收取费用退回，并向客户道歉。

暴露问题

（1）工作人员责任心不强，工作疏忽大意，对于客户的信息未做到准确核对，导致工作失误。

（2）工作人员服务不规范，未准确、及时将客户电费录入系统，造成负面影响。

防范措施

（1）收费时应认真核对户号、户名、地址等信息，告知客户电费金额及收费明细，避免错收。

（2）定期组织开展培训，加强人员责任心，规范服务行为，严格执行公司电费收取相关制度，提升客户满意度。

【典型案例5】利用工作谋私利，违规收费触红线

客户来电反映电能表故障，工作人员告知必须给其充100元话费，若不交费就不给换表且之前该工作人员存在私自收取客户350元费用的情况，客户表示不满。

核查情况

客户投诉属实。工作人员处理电能表故障时违反服务规范，私自收费引发客户不满。

暴露问题

（1）违反《国家电网有限公司员工服务"十个不准"》（修订版）第十条不准利用岗位与工作便利侵害客户利益，为个人及亲友谋取不正当利益，损害了公司形象。

（2）员工服务意识淡薄、工作责任心不强、规章制度执行不严，服务规范、工作标准、员工行为规范执行不到位。

（3）供电公司日常监管不严，未及时发现乱收费问题，给公司造成经济损失。

防范措施

开展乱收费问题排查和明察暗访工作，加大乱收费处罚力度，发现问题从严追究，杜绝乱收费现象。

6.2　营销风险防范

营销业务风险包括营业业扩风险、电价电费风险、计量采集风险、用电检查风险、客户服务风险、市场拓展风险等。

6.2.1　营业业扩方面

【风险点1】业扩流程环节超时限风险

客户在办理业扩报装过程中未按照流程规定时限完成各环节工作任务或现场施工进度慢，造成客户办电时间过长，违反"限时办结"相关规定，给客户带来不良办电体验。

形成原因1：超时限办理业务。业扩流程供电方案答复、设计文件审核、中间检查、竣工检验、送电等办理环节存在供电公司责任的业扩超时限情况。

形成原因2：配套工程进度缓慢。业扩配套工程未在客户受电工程竣工前投运，影响客户报验。

政策依据

（1）《国家电网公司业扩报装管理规则》（国家电网企管〔2019〕431号）第六十八条及时将相关信息录入营销业务应用系统，由系统自动生成业务办理表单，推行线上办电、移动作业和客户档案电子化，坚决杜绝系统外流转。《国家电网公司业扩报装工作规范》第十四条确保系统内信息与业扩报装实际进程保持一致，严禁客户业扩报装流程脱离营销业务系统自转。

（2）《国家电网有限公司员工服务行为"十个不准"》（修订版）第三条不准无故拒绝或拖延客户用电申请，增加办理条件和环节。

防范措施

（1）事前业扩专业全流程监控，严格按照公司业扩全流程环节和时限指引的相关要求开展业扩流程管控工作。

（2）规范环节审查，严格按照制度进行设计、施工资质、供电方案的审查、审核，增强员工服务意识，不断提升员工素质。

（3）省营销服务中心负责办电时限监控，下达预警工单，督导市县供电公司处理。市县供电公司负责安排专人，合理安排业务开展，及时掌握每个客户的办电进度，并对产生的办电时限预警进行及时处理。

（4）省市县三级稽查监督体系开展常态或专项稽查监督。

【风险点2】业扩报装投资界面执行不到位风险

客户报装过程中，未按照延伸投资界面相关政策规定进行投资，发生应投未投或违规延伸等现象，造成"降本"举措落实不到位、客户办电成本增加或国有资产流失。

形成原因1：业扩配套设备应投未投。未严格执行文件要求，对应投资至客户规划红线的项目未进行投资。

形成原因2：违规延伸投资界面。对不应投资至规划红线的客户进行了违规延伸投资，增加公司支出。

形成原因3：未执行低压零成本接入。未从公司成本列支低压业扩所需材料并按需领用，要求客户购买产权分界点以上的设备物资。

政策依据

《关于转发河南省清理规范城镇供水供电供气供暖行业收费促进行业高质量发展实施方案的通知》（豫政办〔2021〕66号）第三条在城镇规划建设用地范围内，2021年3月1日后自用户建筑区划红线连接至公共管网发生的接入工程建设，费用由供水供电供气供热企业和当地政府合理分担。供水供气供热接入工程建设费用的分担办法，由当地政府结合地方财力、储备土地前期开发、水气暖价格调整等情况统筹确定。根据河南省销售电价分类适用范围和《河南省营商环境优化提升行动方案（2020版）》规定，接入1千伏及以上电压等级执行居民生活用电价格的用户、省级及以上开发区至边界外执行工商业及其他用电价格的各电压等级用户（电动汽车充换电项目、电能替代改造和新建项目两类高压用户以及低压小微企业用户除外）的供电接入工程建设费用由当地政府承担，其他用户的供电接入工程建设费用由供电企业承担。增量配电网供电区域内供电接入工程建设费用，由当地政府和增量配电网企业结合实际研究确定分担办法。2021年3月1日前取得土地使用权的城镇规划建设用地范围内在建项目，接入工程建设原则上按当地政府此前相关规定进行。接入工程费用由供水供电供气供热企业承担的部分，纳入企业经营成本；按规定由当地政府承担的部分，应及时拨款委托相关企业建设或者由政府直接投资建设。

防范措施

（1）省级管理部门根据地方管理要求制定并发布最新政策相关内容，明确业扩配套投资范围，及时协调下达业扩配套资金，对业扩配套资金不足的公司予以及时调增。

（2）省级层面负责组织培训，宣贯政策要求，指导市县供电公司严格按照文件规定的配套范围予以配套建设。

（3）省级层面负责系统监控，对未执行配套工程建设的工单进行提醒和督办。市县供电公司安排专人专班，开展投资界面审核和业扩配套工程建设，保证及时合规落实投资界面。

（4）市县供电公司形成联合审批制度，对业扩投资界面的确定予以审核把关，按要求开展配套投资建设。

（5）省市县三级稽查监督体系通过现场检查对投资界面执行情况进行监督。

【风险点3】未严格执行"三不指定"风险

在客户报装过程中，"三不指定"贯彻落实不到位，违规向客户指定施工、设计或设备供应单位，损害客户切身利益，且易造成小微腐败等问题。

形成原因1：未做到信息全公开，未主动公开设计、施工、试验单位资质要求标准和资质查询方式。

形成原因2：直接指定或变相指定设计、施工、供货单位。通过将供电方案直接交由关联施工单位、限制施工单位进入变电站（开闭所）、验收时设置障碍等多种违规方式，直接指定或变相指定关联设计、施工单位。

形成原因3：违规泄露客户信息。在受理客户用电申请或办理业务过程中，供电企业直接让相关联的设计单位、施工单位、设备供应商或个人参与供电方案制定、设计图纸审查、工程验收，导致客户信息泄露。

政策依据

（1）《国家电网有限公司员工服务行为"十个不准"》（修订版）第四条不准为客户工程指定设计、施工、供货单位。

（2）《国家电网有限公司员工服务行为"十个不准"》（修订版）第十条不准利用岗位与工作便利侵害客户利益、为个人及亲友谋取不正当利益。

防范措施

（1）严格遵守业扩报装"一口对外"原则，在客户报装用电时，一次性告知客户有关电力政策、用电报装流程、相关价费收取的标准和依据、阳光业扩工程建设情况以及业扩工程实施过程中需要配合的有关事项等，确保有关信息公开、透明，用户合法权益告知到位。

（2）在窗口单位内公布业扩报装业务流程、业扩收费标准和具有施工资质的施工单位名录等，在业务办理窗口摆放"用电业务办理指南""服务意见卡""便民服务卡"等资料，为客户办理业务提供了方便。客户提交的业扩报装申请一经受理，立即在营销技术支持系统内生成业扩工作单，所有信息公开透明，便于客户了解和监督。

（3）定期开展专项检查，抽取高压客户的业扩工程明细及相应的设计单位、施工单位、设备供应商名录，对市场占有率超过30％的施工单位所负责施工的客户开展重点走访，调查是否存在违反"三不指定"的行为。

（4）省级层面对全省高压业务进行回访全覆盖，重点询问设计、施工、物资供货等环节是否存在违反"三不指定"的情况，及时获取问题线索，督导进行整改。

（5）开展业务培训和廉政警示教育，规范人员行为，杜绝出现违反"三不指定"要求及廉政风险问题。

（6）省市县三级稽查监督体系通过明察暗访对执行情况进行监督。

【风险点4】报装过程中拒报、限报服务风险

客户向供电单位申请报装时，工作人员存在"先接入、后改造"落实不到位、推诿搪塞、故意刁难客户等严重损害客户利益和公司形象的违规行为。

形成原因：业扩报装拒报、限报。客户在通过营业厅或网上国网App、微信公众号、支付宝公众号、"95598"网站、电话预约等方式，办理业扩报装业务时，在业务受理用电申请环节或现场勘查、供电方案确定及答复等过程中，存在拒报、限报情况，从而引发业扩报装服务投诉风险。

政策依据

（1）《河南省优化营商环境工作领导小组关于印发〈河南省营商环境优化提升行动方案（2022版）〉的通知》（豫营商〔2022〕1号）提升办电效率。提升线上用电报装服务，加强政务服务平台线上办电功能集成，实施业扩报装全渠道同质化管理。深化内外部系统数据交叉复用，全面推进"阳光业扩"一站通平台建设。压减用电报装环节，普通高压客户参与用电报装不超过4个环节。加快政企协同办电信息共享平台建设，实行行政审批申请"一窗受理"，居民用户"刷脸办电"、企业用户"一证办电"、联办部门可推送材料线上免提报。

（2）《关于转发河南省清理规范城镇供水供电供气供暖行业收费促进行业高质量发展实

施方案的通知》（豫政办〔2021〕66 号）在城镇规划建设用地范围内，2021 年 3 月 1 日后通过出让或划拨等方式取得土地使用权的项目，供水供电供气供热企业的投资界面应延伸至用户建筑区划红线，除法律法规和相关政策另有规定外，不得由用户承担建筑区划红线外发生的任何费用。供水供电供气供热企业要优化接入工程设计建设方案，提高用户接入效率，降低接入工程成本，不得无故拒绝、拖延用户接入。

（3）《国网河南省电力公司业扩报装"十个不准"》第一条不准以任何理由拒报、限报。

防范措施

（1）公开业务办理流程、业务收费标准、三个十条内容、客户参与方式以及监督举报电话，使客户在报装前期就能明确知道工作流程，收费情况、自身权利及监督投诉方式。

（2）进一步梳理细化业扩报装过程中的拒报、限报行为，形成业扩负面清单，明确红线和底线。

（3）由专业部门组织培训，宣贯上级相关文件政策内容，并严格按照文件规定贯彻执行到位。

（4）对业扩报装中拒报、限报的责任人严肃处理。

【风险点 5】业扩报装流程系统外流转风险

客户在报装过程中因违规增设环节、违规操作、拖延办电等原因造成实际情况与系统流程不匹配，脱离营销业务系统自转。

形成原因 1：私自增加业务环节。业扩报装前期私自增加征询流程，受理客户报装后未实时录入营销业务应用系统。

形成原因 2：违规控制业务时限。通过压单、违规流程中止等方式规避时限监管。

形成原因 3：违规操纵系统流程。通过提前或滞后完成营销业务应用系统环节，造成系统环节与现场实际不一致。

政策依据

（1）《国家电网公司业扩报装管理规则》（国家电网企管〔2019〕431 号）第六十八条及时将相关信息录入营销业务应用系统，由系统自动生成业务办理表单，推行线上办电、移动作业和客户档案电子化，坚决杜绝系统外流转。《国家电网公司业扩报装工作规范》第十四条确保系统内信息与业扩报装实际进程保持一致，严禁客户业扩报装流程脱离营销业务应用系统自转。

（2）《国家发展改革委国家能源局关于全面提升"获得电力"服务水平持续优化用电营商环境的意见》（发改能源规〔2020〕1479 号）第三条要如实记录用电报装时间信息，禁止体外循环、后补流程或重走流程。

（3）《国家电网有限公司员工服务"十个不准"》（修订版）第三条不准无故拒绝或拖延客户用电申请，增加办理条件和环节。

防范措施

（1）制定工作流程，并采用电话回访等方式核实关键环节时间节点，对疑似系统外流转的予以督办。

（2）注重过程实时管控，增强业扩报装规范性。严格按照规定环节时限作业，在客户满足报装条件提交申请后，综合柜员随即录入系统，启动受理流程。客户经理通过电子设备真实记录各环节的现场办理情况，保证系统与实际同步，"现场直接答复"快速高效。

（3）地市专业部门采用模拟报装、档案核查、核查归档当天电采系统抄表示数等方式，判断是否存在系统外流转，并对不规范行为予以从严从重处理。

（4）深化"网格"服务。充分发挥属地网格服务、微信群的作用，用照片、视频等方式强化与办电客户信息互动，公开客户接电进展情况，落实网格台区经理互补制度，确保客户咨询、办理用电事项随时有人快速响应。

（5）开展专人回访。业务办结后，指定专人进行客户办电回访，认真倾听客户对业扩流程、报装时间、优质服务等方面的意见和建议，不断完善提升供电服务水平。

【风险点 6】合同档案资料不规范风险

客户档案管理粗放，存在档案不完整、不规范、资料内容缺失等问题的发生。

形成原因 1：档案缺失。供用电合同等档案资料没有专人管理，资料内容缺失或遗失。

形成原因 2：内容不规范。未使用有效的国网统一标准表单，电费电价、产权分界点描述不清晰。

形成原因 3：合同未及时签订或更新。客户办电业务结束前，未及时完成双方供用电合同签订；线路运行方式调整等重要信息变更后，合同未及时更新。

政策依据

《国家电网有限公司电力客户档案管理规定》[国网（营销/3）382—2014] 第十七条客户纸质资料记录与营销业务应用系统和客户现场信息相一致。第十八条客户资料归档前，业务办理人员应对资料和数据的完整性、有效性进行检查。检查无误后，将纸质文档扫描上传，并移交档案管理人员归档。第十九条客户资料存档后，如需补充完善有关内容，应报专业管理部门批准，将补充完善后的资料与原档案一并保存，并将修改内容、修改时间、修改人等信息登记备查。

防范措施

（1）由专业部门明确客户归档资料清单，建立完善的档案资料管理体系。

（2）地市单位负责供用电合同管理，严格按照《国家电网有限公司客户档案管理办法》规定，安排专人认真完善并妥善保管客户档案及合同。

（3）地市单位要定期对客户档案资料及供用电合同签订情况进行全面排查，发现问题及时纠正。

（4）积极开展专题培训，提升基层工作人员业务素质。

（5）省市县三级稽查监督体系通过明察暗访对执行情况进行监督。

【风险点 7】业务费收取不规范风险

工作人员对相关电费政策未能熟悉掌握，在进行电费计算或收取过程中存在多收、少收等损害客户和公司利益现象。

形成原因 1：违规收费。向客户收取或在客户工程中明确取消的业务费用，如带电接火费、间隔占用费等。

形成原因 2：收费政策理解有误。未充分理解并未按照发改委文件规定的收费项目和收费标准计收业务费，如对自建本级电压外部供电工程等政策理解存在偏差。

形成原因 3：预付电费。要求客户在送电前预付电费，并将预付电费作为必需的送电条件之一。

形成原因 4：市县公司人员对高可靠性供电费收费政策理解偏差，对政策解读及执行不到位。

政策依据

（1）《关于转发河南省清理规范城镇供水供电供气供暖行业收费促进行业高质量发展实施方案的通知》（豫政办〔2021〕66 号）第六条建立收费公示机制。供水供电供气供热企业和其他经营者要建立健全各项收费及费用分摊相关信息公示制度，对符合相关政策规定的可保留收费项目要列出清单，实行明码标价，并在经营或缴费场所的醒目位置张贴收费项目、依据、范围、标准及监督电话等，主动向终端用户公开并接受社会监督，做到清单之外无收费。严禁以强制服务、捆绑收费等形式收取不合理费用。

（2）《国家电网有限公司员工服务行为"十个不准"》（修订版）第二条不准违反政府部门批准的收费项目和标准向客户收费。

防范措施

（1）专业部门牵头对发改委最新收费政策，收费标准、收费范围等关键因素进行分析。

（2）地市单位负责组织专业培训，宣贯相关文件内容，严格按照文件规定收取业务费，杜绝违规收费。

（3）通过电话回访、走访座谈等方式，深度了解办电过程中工作人员是否存在违规收费现象。

（4）地市单位应建立班组、部门、公司三级联合审批制度，对收取的业务费进行层层把关，确保收费项目合规，收费金额准确。

（5）省市县三级稽查监督体系开展常态或专项稽查监督。

【风险点 8】私自承揽客户工程风险

在客户工程报装过程中，个别工作人员存在利用工作之便谋取不正当利益，违规承揽客户工程行为。

形成原因 1：供电所关键岗位人员存在"廉政风险"及"舆情风险"。受供电所属地管理特性影响，客户在业扩报装中首先咨询的部门多为各乡镇供电所，在此过程中，供电所关键岗位人员涉嫌利用自身职权及职务之便，私下违规承揽客户工程，该情形对公司存在"舆情风险"，对供电所相关人员存在"廉政风险"。

形成原因 2："客户工程质量投诉"风险和"施工安全"风险。供电所关键岗位人员存在通过借用产业单位施工资质的办法，违规承揽客户工程建设，由于施工人员施工工艺不规范，设备材料选型、试验不严格，在后期客户工程投运发生故障后，存在"客户工程质量投诉"风险和"施工安全"风险。

政策依据

《国家电网有限公司员工服务"十个不准"》（修订版）第十条不准利用工作之便谋取不正当利益。

防范措施

（1）建立业扩环节回访制，对违规行为进行查处，落实责任。

（2）市县单位营销部、纪检审计部门加大对产业单位的客户工程监督，组建检查小组，定期对已送电的高压业扩档案进行核查，重点核查各乡镇供电所是否利用自身职权及工作之便，违规承揽客户工程。

（3）市县专业部门定期开展专项检查，抽取高压客户的业扩工程明细及相应的设计单位、施工单位、设备供应商名录，对市场占有率超过30％的施工单位开展重点走访，调查是否存在"违规承揽客户工程"的现象。

（4）省级层面对全省高压业务进行回访全覆盖，及时获取问题线索，督导进行整改。

（5）市县供电公司开展业务培训和廉政警示教育及廉政约谈，规范人员行为，杜绝出现"违规承揽客户工程"的廉政风险问题。

【风险点 9】业扩现场作业安全风险

业扩现场作业过程中，工作人员工作责任心不强，对客户供电方案审核把关不严；设计审查不符合规范要求，存在安全隐患。

形成原因1：客户申请资料不完整或与实际不符，致后续环节存在安全隐患。

形成原因2：供电方案拟定与执行过程中存在缺陷和安全隐患、擅自变更供电方案。

形成原因3：受电工程设计审查客户提供的受电工程设计资料和其他相关资料不全，设计单位资质不合规定。供电企业审核人员审核错漏造成客户工程安全隐患。设计不符合规范要求，存在装置性安全隐患。电气设备防误操作措施缺失或不完整。

政策依据

（1）《国家电网有限公司供电服务标准》第四章受电设施建设与维护管理。

（2）《国家电网有限公司业扩供电方案编制导则》确定供电方案的基本原则及要求、供电方案的基本内容。

防范措施

受理环节严格按照《业扩报装工作规范》，全面收集客户信息。对于资料欠缺或不完整的，应告知客户先行补充完整后再报装。

【风险点 10】光伏并网环节风险

在客户办理光伏发电业务过程中，发生因供电服务人员操作错误、向客户解释办电流程不清晰，导致客户办电体验感不佳。并网验收环节对现场是否加装"防孤岛装置"和可远方操作分断开关、是否选用符合要求的并网设备验收不严格，导致发生光伏反送电等影响电网设备安全的情况发生。

形成原因1：客户并网验收资料不完整或与实际不符，未按照相关规定对现场设备进行验收，导致后续环节存在安全、敏感事件隐患。

形成原因2：光伏发电费用未及时结算、补贴转付不及时，或发生上网电费结算错误，引发报装服务投诉风险。

政策依据

（1）《国家电网有限公司供电服务标准》6.1.5.13 服务项目标准—分布式电源项目接入系统方案时限：①受理接入申请后，10 千伏及以下电压等级接入，且单个并网点总装机容量不超过 6 兆瓦的分布式光伏单点并网项目不超过 20 个工作日，光伏多点并网项目不超过 30 个工作日，非光伏分布式电源项目不超过 40 个工作日；②受理接入申请后 35 千伏电压等级接入、年自发自用电量大于 50％的分布式电源项目不超过 60 个工作日；③受理接入申请后 10 千伏电压等级接入且单个并网点总装机容量超过 6 兆瓦、年自发自用电量大于 50％的分布式电源项目不超过 60 个工作日。

（2）《国家电网有限公司供电服务标准》6.1.5.15 服务项目标准—分布式电源项目，在受理设计审查申请后，10 个工作日内答复审查意见。分布式电源项目在受理并网验收及并网调试申请后，380（220）伏电压等级接入电网的，5 个工作日内完成关口计量和发电量计量装置安装、签订合同；10 千伏及以上电压等级接入电网的，5 个工作日内完成关口计量和发电量计量装置安装、签订合同及《并网调度协议》。不准无故拒绝或拖延客户用电申请、增加办理条件和环节。对客户用电申请资料的缺件情况，受电工程设计文件的审核意见、中间检查和竣工检验的整改意见，均应以书面形式一次性完整告知，由双方签字确认并存档。

防范措施

（1）通过行政处罚、监管约谈、责令整改等方式，纠正违法违规行为，维护公平公正的市场秩序和群众的合法权益。

（2）受理环节严格按照《业扩报装工作规范》，全面收集客户信息。对于资料欠缺或不完整的，应告知客户先行补充完整后再报装。

（3）按照政策要求在客户报装时对相关电价执行进行解释说明，保证客户清晰知晓电费结算规则。

（4）现场验收环节严格执行国家电网有限公司相关规定，确保光伏并网负荷安全可控。

6.2.2　业扩管控方面典型案例

【典型案例1】业扩报装超时限，推诿怠慢不应当

5 月 24 日，某公司客户到营业厅申请新装用电，工作人员承诺 6 月 3 日装表接电，但未兑现，工作人员告知表库管理员不在，无法领取表计装表，造成客户多次往返营业厅。

核查情况

客户反映情况属实。客户办理业扩报装业务后，工作人员未同步线上流转，因表库管理员休假，工作没有做好交接，造成客户多次往返，引发客户投诉。现工作人员已向客户道歉并把客户的电能表安装完毕。

暴露问题

基层工作人员在业务技能、服务意识、工作态度、工作责任心等方面欠缺，工作没有做好交接，没有做到真心实意为客户着想，急客户之所急，积极处理客户诉求，推诿、怠慢引发投诉。

防范措施

（1）加强供电所人员业扩报装业务培训，避免不熟悉业务，"想当然"引发投诉。

（2）增强人员服务意识，以客户为中心，多换位思考，想客户之所想，急客户之所急。

（3）加强员工休假管理，做好内部工作交接。

【典型案例2】投资政策不执行，回访实情现端倪

客户服务中心回访时发现，某县公司低压小微企业客户新装电能表过程中自己购买25米电线，并给工作人员一盒烟（价值100元左右）。

核查情况

客户反映情况属实。客户通过网上国网App发起低压新装业务，客户经理黄某与客户约至次日下午现场服务。工作人员如期到达现场，但现场施工时发现剩余电线不足，无法安装客户表前下户线，与客户商量由客户提供电线或第二天带够材料再来施工，客户同意购买材料现场安装，沟通过程中，客户给工作人员让烟，并把打开的一盒烟给了工作人员，工作人员推让后，最终收下。

暴露问题

（1）违规让客户购买应由供电公司提供的物资。

（2）工作人员服务意识淡薄，违规收取客户礼品。

（3）工作人员主动服务意识不强，开展现场工作前与客户沟通不到位，未能充分对现场施工情况做出正确预判，导致材料准备不足。

（4）业扩管理不到位，对员工执行《国家电网有限公司员工服务"十个不准"》（修订版）及投资政策方面缺乏有效的监督。

防范措施

（1）加强对业扩配套项目投资界面相关文件的再宣贯、再学习，严格执行国家要求的投资政策。

（2）增强工作人员规矩意识，认真学习国家电网有限公司"两个十条"，杜绝吃、拿、卡、要情况的发生。

（3）提升工作人员规范服务意识，用心为客户提供更省心、更省时、更省钱的解决方案。

（4）加大对工作人员的培训教育，增强工作责任心，现场服务前应充分考虑现场物资消耗情况，合理领用必备材料。

【典型案例3】拒报限报轮流来，客户愤而来投诉

客户来电反映，由于要做生意向供电所申请用电，结果跑了两次都被拒绝，用户无奈之下拨打了"95598"进行投诉。

核查情况

经调查，该投诉属实。客户李先生因为要做生意到供电所申请报装动力表，供电所三相智能电能表暂无库存，且由于表计管理人员休假，未能及时申请补充。营业厅工作人员告知表库无表，不能受理客户申请，让客户5天后再来办理。5天后客户再次来到供电所，勘查人员告知现场勘查发现该客户用电负荷40千瓦，用电地址所处台区变压器已处于长期重载运行，如果再接入会出现低电压等问题，现场勘查人员就以变压器已满载，不能再接入新负荷为由，拒绝了李先生的报装申请。李先生询问何时才能接上电，现场勘查人员表示无法确定，需要等到台区改造完成后才可以。李先生因一直没有等到后续的消息，于是拨打"95598"投诉。

暴露问题

（1）工作人员主动服务意识不够，市场竞争意识不强。对于客户主动要求新装用电没有及时办理，而是以各种理由拒报限报。

（2）供电公司未严格落实国家电网有限公司"电网接入受限项目，先接入，后改造"的要求，而且未根据客户需求积极改造，未能满足客户的用电需求。

（3）未严格执行"一次性告知"要求，造成客户重复往返。

（4）供电所日常管理存在问题，由于管理人员请假而造成表计未能及时补充。

防范措施

（1）真正把"人民电业为人民"服务宗旨落到实处，更好地落实优化营商环境提升供电服务水平的相关措施，让小微客户享受到"放管服"改革的红利。

（2）供电公司日常应加强培训工作，增强员工主动服务意识、市场竞争意识，做好增供扩销工作，提高市场竞争力。

（3）增强服务风险意识，对业扩受限问题，各管理部门需加强跟踪管理，列出整改任务清单，排出时间表，切实解决问题。对确实因为容量受限不能接入的项目，要向客户做好解释工作。

（4）供电所应加强日常管理，完善考核监督机制，做好工作交接。

【典型案例4】报装流程不规范，"体外循环"惹麻烦

客户拨打意见电话反映，其在营业厅申请增容业务，系统显示增容已完成，但是客户表示家中还未接线，无法用电。

核查情况

客户反映情况属实。12月11日，客户在营业厅申请增容业务，但经查阅营销业务应用系统，12月19日才在系统中受理客户业务，同时系统显示增容流程已完成，但是客户表示实际家中还未接线，无法用电。客户现场与营销业务应用系统不一致，存在"体外循环"问题。

暴露问题

（1）营业厅工作人员合规意识和供电服务意识淡薄，导致业扩时长不真实，流程环节脱离监控。

（2）为了追求指标提升，通过先走流程的方式规避时限监管。

防范措施

（1）按照"受理即入机"的工作要求，让客户办电需求第一时间进入业务系统流转，坚决杜绝"体外循环"。

（2）开展业扩报装"体外循环"专项治理行动，加大专题培训力度，提高政策知晓度、覆盖面、落实率，确保市县业扩管理人员、供电所（班组）一线台区经理宣贯学习100％全覆盖。

【典型案例5】手续不全就更名，违规办理惹投诉

客户反映在其不知情的情况下，工作人员将客户名下的用电户进行更名，该用电账户上还有钱未退还给客户，客户表示不认可。

核查情况

客户反映情况属实。在客户不知情且账户尚有余额的情况下，未经客户委托或被允许，客户仅提供营业执照和情况说明后，工作人员就为其办理了更名流程。

暴露问题

（1）营业厅工作人员对变更类业务收资内容不熟悉，未严格按照对外承诺的收资标准进行收资，在客户未提供齐全的业务办理资料的情况下，即为客户违规办理更名业务，易造成客户资产流失。

（2）营业厅工作人员责任心不足，业务执行不规范。

防范措施

（1）严格按照对外承诺的报装资料进行收资，及时审核资料的有效性，确保业务合规办理。

（2）加强业务技能培训，提升营业厅工作人员责任心。

【典型案例6】临时用电乱收费，违规行为必查处

客户来电反映盖房临时用电时，工作人员未安装电能表且私自收取电费，客户表示非常不满。

核查情况

客户投诉属实。工作人员未按规范对客户装表接电，并私自收取临时用电所产生的电费，引发客户投诉。

暴露问题

（1）业扩报装服务执行不到位。工作人员未按规定执行临时用电报装流程，未同客户签订临时用电协议，存在无表接电、私自收取电费行为。

（2）临时用电管理存在漏洞，对业扩流程、收费标准监管不力。

（3）工作人员服务意识淡薄，未将供电服务标准严格落实到工作中。

防范措施

（1）开展临时用电乱收费问题排查，加大明察暗访力度，发现问题及时处理，防控该类投诉。

（2）省市县三级稽查监督体系开展常态或专项稽查监督。

6.2.3　电价电费方面

【风险点1】电价执行错误风险

人为因素导致系统客户电价选择错误，导致电费发行中出现不正确现象。

形成原因1：优惠电价政策执行错误。政策规定的优惠电价执行到期后，未及时恢复客户的电价。超出政策文件规定范围，执行优惠电价。按照政策规定，应执行优惠电价的客户未执行优惠电价。

形成原因2：两部制电价执行错误。变压器启停不规范，造成新装、暂停、暂停恢复及增减容等业务流程的客户基本电费计收错误。减容后容量达不到实施两部制电价规定容量标准的客户，未修改为相应用电类别单一制电价计费。新装及增容后，容量达到实施两部制电价规定容量标准的客户，未执行两部制电价计费。按需量计收基本电费的客户，系统内无需量示数类型或需量抄见值为零。

形成原因3：功率因数调整电费错误。因对电价执行政策理解不到位、工作差错导致工作单处理不规范引起的功率因数调整电费执行不到位的情况。

形成原因4：分布式光伏客户电价执行错误。项目备案时间、并网时间与补贴电价不匹配。上网电价执行不正确。

形成原因5：用电检查、现场勘查不到位，导致用电类别、行业类别执行不匹配，存在高价低接风险。

政策依据

（1）《国家电网有限公司供电服务标准》6.1.5.2严格执行政府部门批准的收费项目和标准，严禁利用各种方式和手段变相扩大收费范围或提高收费标准。

（2）《国家电网有限公司供电服务标准》7.2.3严格执行供电服务相关工作规范和质量标准，保质保量完成本职工作，为客户提供专业、高效的供电服务。

防范措施

（1）加强电费审核方面存在的薄弱环节，健全电量电费复核机制。

（2）应加强电价政策学习，确保电价政策执行到位。

（3）积极开展用电检查工作，加大电力法宣传力度，将此工作纳入常态机制。

（4）加强电价政策执行情况稽查，完善预警监控机制。

【风险点 2】收费业务处理不规范电费风险

电费资金管理粗放，对资金管控未制定严格管理流程，使电费收缴、业务收费等环节存在风险隐患。

形成原因 1：营业厅资金管理不规范。营业厅当日收取电费资金 24 小时内未解款及时缴存电费账户，增加现金被截留、挪用风险。

形成原因 2：员工代收代交电费。电费收费过程中，员工用私人银行账户代收代交电费，存在电费资金公款私存的行为。

形成原因 3：收费业务操作不规范。多收、少收电费，影响电费资金入账准确性。电费解款、到账不及时，影响电费资金入账及时性，增大电费资金被截留、挪用的风险。

政策依据

《国家电网有限公司电费抄核收管理办法》［国网（营销/3）273—2019］严格按照电力客户实际交费方式在营销业务应用系统中进行收费操作，确保系统中收费方式、实收金额与实际一致；其中第四十六条采用代扣、代收与特约委托方式收取电费的，供电公司、电力客户与银行等金融机构应签订协议，明确各方的权利义务。

防范措施

（1）规范电费收缴业务流程，细化工作要求，加强电费资金安全管控，加强电子化交费渠道管理。

（2）专业部门开展解款和到账及时性常态监控，分析电费解款未及时到账原因，加强电子化交费渠道推广，防范电费回收风险。

（3）市县供电公司开展业务培训，加强电子化交费渠道推广，规范收费和账务人员的业务处理，严禁收费人员在未实际收取客户电费的情况下在营销业务应用系统进行销账，增强资金风险意识，严禁员工通过个人银行卡为客户代收代交电费。

【风险点 3】非政策性退补不规范风险

电费退补流程不规范，造成中间环节的不合理、不完整，导致退补进度缓慢。

形成原因 1：退补资料不完整。退补依据佐证不足，引发客户不满。无关键支撑材料。

形成原因 2：退补方案不合理，导致退补金额不正确。纸质审批单内容与营销业务应用系统退补方案内容不一致。

形成原因 3：审批制度不严谨。纸质审批单未按照文件规定逐级审批。营销业务应用系统内存在一人多岗、一号通办现象。

政策依据

《国家电网有限公司电费抄核收管理办法》［国网（营销/3）273—2019］第三十五条加强电量电费差错管理，规范退补流程，因抄表差错、计费参数错误、计量装置故障、违约用电、窃电等原因需要退补电量电费时，应由责任部门在营销业务应用系统内发起电量电费退补流程，写明退补原因、计算过程并上传相关资料，营销业务应用系统应设置电费退补审批环节，经逐级审批后由核算中心（班组）完成退补审核、发行。

防范措施

（1）加强系统完善优化管控，对退补情况实时监控，报告风险。

（2）市县供电公司严格按照《国家电网有限公司供电服务标准》《国家电网有限公司电费抄核收管理办法》等有关制度规程要求，规范提报留存证据材料，精确计算退补电费。

【风险点 4】违章抄表作业风险

在对客户计量装置抄表过程中存在违规行为，导致客户资金损失。

形成原因：未按规定的抄表周期和抄表例日抄录客户用电计量装置记录的抄表数据，存在估抄、漏抄、错抄行为。

政策依据

（1）《国家电网有限公司电费抄核收管理办法》第二十条应严格通过远程自动化抄录用电计量装置记录的数据，严禁违章抄表作业，不得估抄、漏抄、错抄。具备条件的省公司可以分步建立所有电力客户或部分重要电力客户的全省抄表集中模式，不断提升公司的集约化、精益化管理水平。

（2）《供电营业规则》第三十三条用户连续六个月不用电，也不申请办理暂停用电手续者，供电企业须以销户终止其用电。

（3）《国家电网有限公司电费抄核收管理办法》第三十一条定期开展抄表质量检查，应重点针对连续三个抄表周期的零度表通过远程数据召测分析，对于分析异常的应及时消缺处理，无法确认的异常应到现场核实后处理。

（4）《国家电网有限公司电费抄核收管理办法》第二十一条对高压新装电力客户应在接电后的当月完成采集建设调试并在客户归档后第一个抄表周期进行首次远程自动化抄表。对在新装接电归档后当月抄表确有困难的其他电力客户，应在下一个抄表周期内完成采集建设调试并进行首次远程自动化抄表。

防范措施

（1）加强计量管理，及时处理电采异常情况，对发行电量为零的用户应核实抄表示数信息是否正确，对采集失败的用户应及时补采，确保电量电费发行正确。

（2）对于新装用户要加强监管，及时对新装用户进行抄表，确保表计每日抄通是电费回收和线损治理的基础保障。

（3）加大现场计量表箱和设备的巡视力度，及时发现现场计量存在的问题，及时消除计量设备故障，避免存在电费流失。

（4）市县供电公司开展对抄表数据状况实时监控，发现异常情况及时开展排查和消缺工作。

【风险点 5】电费虚假实收风险

电费回收过程中，存在违规操作行为。

形成原因 1：收费操作有误。造成资金在途时间过长，存在虚假实收的可能。

形成原因 2：虚拟银行流水。客户实际未交电费，收费人员进行虚假收费操作。

形成原因 3：跨考核期冲正。未收到客户电费情况下，在营销业务系统进行电费实收操作，在电费回收考核日后进行收费冲销，存在为完成电费回收指标而虚假实收，引发营销实收差错风险。

政策依据

《中华人民共和国电力法》第四十四条禁止任何单位和个人在电费中加收其他费用；但是，法律、行政法规另有规定的，按照规定执行。地方集资办电在电费中加收费用的，由省、自治区、直辖市人民政府依照国务院有关规定制定办法。禁止供电企业在收取电费时，代收其他费用。第六十六条违反本法第三十三条、第四十三条、第四十四条规定，未按照国家核准的电价和用电计量装置的记录向用户计收电费、超越权限制定电价或者在电费中加收其他费用的，由物价行政主管部门给予警告，责令返还违法收取的费用，可以并处违法收取费用五倍以下的罚款；情节严重的，对有关主管人员和直接责任人员给予行政处分。

防范措施

（1）省营销服务中心开展电费回收监控工作，建立电费回收问题分析机制，报告风险。

（2）市县供电公司严格按照国家电网有限公司抄核收要求，开展柜台日终结账工作，收费后 24 小时内必须解入银行，确保系统解款与所收现金、票据核对一致。

（3）市县供电公司柜台负责人员每天开展解款监督，严格审核解款日期和银行进账日期不一致的记录。电费账务班加强对不明款项协查，以及到账及时率的监控。

（4）市县供电公司加大电费催收力度，对虚假实收操作当事责任人、责任单位严肃追责，并要求限期整改，触犯相应法律法规的，须承担法律责任。

【风险点 6】催费业务处理不规范风险

催费过程中，人员差错导致催费业务处理不规范。

形成原因：因人为差错等原因，造成电费催交通知单错贴，电费通知短信错发，停电通知错误等催费业务处理不规范问题。

政策依据

《国家电网有限公司供电服务标准》6.9.1 客户欠费停电告知服务。供电企业通过电话、邮寄、送单、短信、电子渠道等方式，告知客户欠费停电信息，提醒客户及时交纳电费的服务。智能交费、购电制客户测算电费余额不足，依合同（协议）采用停电措施的，经预警后实施远程停电，及时续交电费后 24 小时内恢复供电；后付费客户欠电费需依法采用停电措施的，提前 7 天送达停电通知，费用结清后 24 小时内恢复供电。

防范措施

市县供电公司电费催交通知单、停电通知单应由专人审核。鼓励采用电话、短信、微信等电子化催交方式，现场发放停电通知单应通过现场作业终端等设备拍照上传，做好取证留存工作。

6.2.4　电价电费管控方面典型案例

【典型案例 1】新装用户未核实，执行错误引投诉

某村客户投诉，在办理充电业务时，工作人员误将客户电价执行错误。

核查情况

客户反映情况属实。1 月 25 日，客户办理充电桩用电业务后，工作人员于当日 11 点 46 分在营销业务应用系统中发起业务流程，流程于当日 17 点 15 分归档。个人申请充电桩用电应执行居民合表电价（0.568 元/千瓦时），因工作人员失误将电价选为非居民照明电价（0.6125 元/千瓦时），造成电价执行错误。工作人员已采取为客户更改电价、退还差价的措施，解决客户问题。

暴露问题

（1）工作人员办理业务过程中责任心不强，因操作不当造成系统电价执行错误，引发投诉问题。

（2）供电公司工作流程缺乏有效的监督，未能及时发现存在问题并解决客户的合理诉求。

防范措施

（1）提升工作人员相关业务技能，熟练掌握对应岗位操作规范。

（2）进一步加强对服务违规行为的监督考核。

【典型案例 2】承诺退补未兑现，引发不满遭投诉

3 月 16 日，客户反映，工作人员在 2 月时承诺将接线错误导致客户产生的电费在 3 月 6 日退至客户账户中，但至今仍未处理。

核查情况

经调查，客户反映情况确实存在，因工作人员工作失误，表计调换接线错误，导致客户产生 85.37 元电费，承诺 3 月 6 日退补，但一直未兑现，引发投诉。

暴露问题

工作人员责任心不强，服务意识淡薄，未及时、准确在承诺客户时限内处理问题，引发投诉。

防范措施

加强工作人员的日常监管工作，对电费异常的客户要及时核对、修改，制订具体操作流程，避免投诉。

【典型案例 3】光伏结算不及时，解释不力引投诉

7 月 15 日，某村客户投诉当地供电公司经常延迟发放光伏上网补贴电费，当年第一季度上网电费按照政府要求已发放，但 7 月 14 日供电公司告知客户会在 8 月份发放二季度光伏补贴电费，客户不认可，要求尽快按时正常发放上网电费。

核查情况

客户反映情况属实。按照与客户签订的《分布式光伏发电项目低压发用电合同》规定，供电公司按每季度向客户结算上网电费，因抄表周期及电费发行均为次月，结算需等次月电费发行后打印结算单，由客户签字确认后，根据需结算支付资金向财务提报资金预算，财务根据提报预算下月再进行系统结算并进行支付。

暴露问题

工作人员责任心、服务意识不强，未主动与客户取得有效沟通，对相关政策未能向客户解释到位。

防范措施

（1）切实规范工作人员相关业务技能，工作人员应熟练掌握对应岗位操作规范，应具备合格过硬的专业技术水平，及时解决客户合理诉求，并在规定时限内答复客户。

（2）接到客户反映问题时，应增强敏感意识，针对客户对上网电费发放不及时，有效告知安抚客户，避免客户诉求升级。

6.2.5 计量采集方面

【风险点 1】运行计量装置管理不规范

电能表接线错误、计量用二次回路接线错误、多位电表箱中出线接错客户开关、工作人员走错流程、客户档案错误，导致客户电费与实际使用电量不符，造成客户或公司经济损失，严重影响优化营商环境质效。

形成原因 1：表计飞走、停走等异常长期未处理。

形成原因 2：电能表、互感器、联合接线盒等接线错误。

形成原因 3：采录不及时，电能表新装或更换未及时完成采集接入，未及时对采集系统自动抄表失败、数据异常发起补抄和异常处理。

形成原因 4：设备现场巡视运维不到位，计量装置存在的缺陷隐患问题未及时发现处理。

形成原因 5：互感器变比配置过小导致二次电流越限、互感器倍率现场与系统不一致、超电能表最大量程用电，导致电能表计量失准。

政策依据

（1）《供电营业规则》第八十三条供电企业应在规定的日期抄录计费电能表读数。

（2）《电能计量装置技术管理规程》7.6.3 电能计量装置投运前应进行全面验收，验收试验时要进行接线正确性检查。

（3）《国家电网有限公司计量工作管理规定》第四章第十二条第一款加强对计量器配置、形式、准确度等级方面审查，杜绝配置不合格、检定不合格计量装置投运。

（4）《国家电网有限公司供电服务标准》7.1.2 真心实意为客户着想，尽量满足客户的合理要求。对客户的咨询、投诉等不推诿、不拒绝、不搪塞，及时、耐心、准确地予以解答。

（5）《国家电网有限公司供电服务标准》7.2.2 熟知本岗位的业务知识和相关技能，岗位操作规范、熟练，具有合格的专业技术水平。

（6）《国家电网有限公司低压用户电能计量装置设备主人制管理办法》[国网（营销/3）958—2019]第四章计量装置验收第十六条设备主人应通过现场检查、核对营销业务应用系统中档案和照片等方式，检查接收管理的计量装置是否存在缺陷隐患。

防范措施

（1）及时对采集失败、异常的计量装置进行处理，建立监督提醒机制。

（2）工作人员应加强对本岗位的业务知识和相关技能培训，确保计量装置安全稳定运行，确保电量准确可靠计量。

（3）计量装接工作必须至少两人进行，并相互检查，严格验收程序。装接完毕后立即通电检查。

（4）安装合格的计量装置及配套设施，加强验收管理，杜绝不合格装置投运。

（5）制定表箱等装置的巡视周期，严格按照巡视周期进行巡视消缺。及时解决客户故障报修诉求，杜绝出现推诿搪塞客户现象，制定有效监督考核办法。

【风险点2】计量装置安装位置不合理

在客户设施上安装计量装置时未经客户同意，计量装置安全距离不足，影响客户生产生活或存在安全隐患等，可能造成客户不满、对客户资产造成影响，甚至影响人身安全。

形成原因1：工作人员业务能力不足、考虑不全面，计量装置安全距离不足，未严格按照规定安装计量装置。

形成原因2：安装计量装置时未经安装位置产权的客户同意，影响客户生产生活。

形成原因3：已安装的计量装置令客户资产造成损失或存在安全隐患，造成客户不满。

政策依据

《营销现场作业安全手册》公共区域内安装计量箱时，应可靠固定，并应注意与水、热、天然气等管线留有足够的安全距离。

防范措施

（1）在客户房屋上安装线路、表箱等设施时必须告知房屋所有者并征得其同意。

（2）遇到客户不同意安装时，应积极联系社区、村委会人员，宣传电力设施的公用属性。

（3）安装时严格按照规程规定保持安全距离，安装位置不能影响客户生产生活，严格工程验收程序。

（4）若架设或使用过程中对客户墙体或其他设施造成损坏，应积极与客户联系照价赔偿。

【风险点3】表计校验超时或对校验结果处置不当的风险

对客户要求校验电能表的诉求不提供校验服务、未在规定时间内完成表计校验或在客户对现场校验结果不满时，未能妥善处理，使客户诉求得不到及时有效解决，引发客户不满。

形成原因1：因工作人员疏忽，遗漏表计校验工作造成超时。

形成原因 2：因工作人员业务能力不足，不知校验规定时间造成超时。

形成原因 3：对客户诉求不受理，漠视客户诉求，拒绝为客户提供表计校验服务，引发客户不满。

政策依据

(1)《国家电网有限公司供电服务标准》7.2.2 熟知本岗位的业务知识和相关技能，岗位操作规范、熟练，具有合格的专业技术水平。

(2)《国家电网有限公司供电服务"十项承诺"》（修订版）第七条电表异常快速响应。受理客户计费电能表校验申请后，5 个工作日内出具检测结果。客户提出电表数据异常后，5 个工作日内核实并答复。

(3)《国家电网有限公司供电服务标准》7.1.2 真心实意为客户着想，尽量满足客户的合理需求。对客户的咨询、投诉等不推诿、不拒绝、不搪塞，及时、耐心、准确地给予解答。

防范措施

(1) 业务受理人员按要求受理客户的校表申请，及时在营销业务应用系统中发起校验流程，明确校表各环节的完成时间，并对各个环节进行提醒、跟踪督办，督促校表人员在规定时间内完成，保证在 5 个工作日内向客户反馈校验结果。

(2) 校验人员在 1 个工作日内联系客户，预约校验时间。

(3) 主动告知客户如对校验数据不认可，可到上一级计量检定机构申请校验。

【风险点 4】装接人员违规收取客户费用

装表接线人员处理计量故障时对属于供电公司产权的电力设施违规收取费用，引发客户不满，造成廉洁甚至法律风险。

形成原因：装表接线人员处理计量故障时利用岗位之便为个人及亲友谋取不正当利益，存在私设收费项目行为。

政策依据

(1)《国家电网有限公司员工服务行为"十个不准"》（修订版）第九条不准接受客户吃请和收受客户礼品、礼金、有价证券等。

(2)《国家电网有限公司员工服务行为"十个不准"》（修订版）第十条不准利用岗位与工作便利侵害客户利益，为个人及亲友谋取不正当利益。

防范措施

(1) 加强供电服务人员培训，告知其供电公司产权与客户产权分界要求，公司产权设备任何维修维护等不允许收取客户费用。

(2) 加强员工风险意识，以及宣贯违规收取费用的严重后果。

(3) 如属客户产权需自费施工的，工作人员应与客户进行解释，告知其自行找有资质的施工单位，杜绝供电公司员工与客户发生任何规定外的费用。

【风险点 5】计量装置情况未告知客户

客户计量装置进行更换或变动、计量故障情况及电能表表底示数未告知客户，未经客户确认，造成客户不良感知，对供电企业形象造成影响。

形成原因 1：因工作人员疏忽，在计量装置更换前未事先告知客户。

形成原因 2：未有效告知客户，造成更换计量装置前客户不知晓，对供电企业形象造成影响。

政策依据

《国家电网有限公司供电服务标准》6.14.5 低压客户电能表批量换装前，应至少提前 3 天在小区和单元张贴告知书，或在物业公司（居委会、村委会）备案，零散换装、故障换表可提前通知客户后换表；换装电能表前应对装在现场的原电能表表底示数拍照，换表后应请客户核对表计表底示数并签字确认，拆回的电能表应在表库至少存放 1 个抄表或电费结算周期。

防范措施

（1）开展户表轮换或小区批量换表等工作时，在系统中向客户推送停电短信；应提前 3 天与当地居（村）委会进行沟通，在换表区域醒目位置张贴改造告知书并拍照留存；在微信群中提前 3 天告知客户。

（2）更换前再次电话告知客户变更事项，电话无法拨通时可先发信息进行预约。

（3）如客户不在家或无法联系时，通过居（村）委会或物业进行第三方见证并拍照存档。换表接线完成后，在客户电能表处或客户家门口张贴底码告知书并拍照存档。

（4）完成换表接线流程前后，可让客户确认计量装置情况，确认电能表表底示数情况。

6.2.6　计量采集管控方面典型案例

【典型案例 1】户表误接错停电推诿处理不应当

客户通过"95598"反映，家里没有电，但邻居家电能表上贴有欠费停电通知书，施工单位误将客户表后出线接错，由于客户欠费，造成客户经理错误停电，客户反映问题时相关部门相互推诿，最终被媒体曝光。

核查情况

21：00，客户家中停电，查看空气断路器（空气开关）无跳闸，发现邻居家的电能表上贴有供电公司欠费停电通知书，怀疑误停电。客户 21：06 拨打了停电通知书上抄表人员联系电话，但抄表人员称已下班，如果没有欠费不可能停电，然后挂断电话。客户于 21：11 分拨打了当地有线电视台的新闻热线求助。21：31，客户拨打供电所值班电话，值班人员判断属于户表故障，告知其抢修服务队的电话。客户先后于 21：50 和 22：10 两次拨打抢修服务队电话。但因当晚抢修服务队从 19：00 至次日凌晨 2 点一直在其他现场忙于故障处理，接到电话后表示属欠费停电，不属于抢修范围，又告知客户抄表人员的值班电话，让客户与抄表人员联系处理。随后，电视台记者赶到现场进行暗访。

次日 12：30 左右，客户随同暗访记者来到营业厅，当值人员经查询确认客户无欠费后，拨打了抄表人员电话，无人接听。记者和客户一行又找到抢修班，经现场核实，客户与邻居家表计线接反，接线纠正后抢修人员已为客户恢复送电，并对错接线期间产生的电费协调双方退补。

暴露问题

（1）供电公司工作人员接线错误，且在工程竣工验收中没有严格把关。

（2）抄表人员接到客户来电时未重视客户诉求，推诿搪塞客户、漠视客户利益。

（3）抄表人员电话无人接听，反映出责任心不强。

（4）抢修人员接到客户电话后未及时帮助客户解决诉求，只简单告知其电话。

（5）供电所值班人员没有执行"首问负责制"，只简单地告知客户抢修电话。

（6）工作人员服务意识、风险意识不强，服务技能欠缺，部门之间工作协调不够，对客户诉求未重视。

防范措施

（1）加强作业人员的责任心和专业知识，现场计量人员按照正确接线方式进行装表接电，验收人员按照验收流程标准进行严格验收。计量人员在客户送电后首个抄表周期内对计量装置进行检查，用电检查人员按照计量装置类别及时进行检查。

（2）强化供电服务人员培训，增强服务意识和服务技能，工作中严格落实"首问负责制"。

（3）制定相应的考核监督、奖惩措施。

【典型案例 2】挪用表计不合理，工单造假又升级

客户首次投诉，一年前申请新装电表后，电工在客户及家人不知道的情况下将客户旧表挪给其亲戚使用，且未在系统中办理销户或过户手续，现客户对挪表行为不认可。责任单位回复投诉工单内容"客户所指旧表、新表非同一地址，旧表为老家所用表计，申请的新表为新地址所用。客户私下与其邻居商量将旧表给邻居使用，电工并不知情。"次日，客户再次投诉，反映工作人员让其改口"表示自己在工作人员不知情时私下与邻居商量旧电表使用情况"，客户对工作人员捏造事实、骚扰及威胁表示不满。

核查情况

客户反映情况属实。电工擅自将客户旧电表移走。客户投诉后，工作人员告知客户自己可能因为工作行为不规范被考核处罚，要求客户做假证，之后多次与客户联系，让客户配合提供证据。

暴露问题

（1）工作人员违反《国家电网有限公司供电服务标准》规定拆回的电能表应在表库至少存放 1 个抄表或电费结算周期。私自将客户旧表挪给他人使用。

（2）工作人员工单回复造假，让客户提供伪证，存在严重违规行为。

（3）工作人员违反《国网河南省电力公司业扩报装"十个不准"》规定，利用岗位与工作便利侵害客户利益、为个人及亲友谋取不正当利益。

防范措施

（1）加强对工作人员《国家电网有限公司供电服务标准》《国网河南省电力公司业扩报装"十个不准"》等政策规范的培训，要求工作人员严格执行相关规定，确保工作规范性。

（2）加强投诉事件过程管控，加大检查力度，对隐瞒投诉举报情况、要求客户提供伪证、威胁或打击报复投诉举报人的行为，严格考核问责。

（3）加强计量装置规范管理，计量装置轮换应按照规定规范办理。

【典型案例 3】电子渠道漏工单，校表超时引不满

客户投诉，一周前已通过网上国网 App 提交验表申请单，至今无人与其联系。

核查情况

客户反映情况属实。因工作人员出现纰漏，未及时查到该客户提交的校验电能表业务，造成验表超时限。

暴露问题

（1）工作人员责任心不强，工作中疏忽大意，在系统筛查过程中出现纰漏，造成客户验表申请超时限，给客户造成了不良服务体验。

（2）工作人员业务技能欠缺、责任心不强。

（3）电子渠道受理的工单，在处理过程中监督管理不到位，未能及时发现工作中的纰漏，未能对客户反映的问题做到及时、有效、准确地解决。

防范措施

（1）工作人员应严格按照《国家电网有限公司供电服务标准》5.3.7.1 电子渠道应 24 小时受理客户需求，如需人工确认的，故障报修类需求，电子客服专员在 3 分钟内与客户确认；其他需求在 1 小时内与客户确认；不能立即办结的，通过派发工单至责任单位处理。

（2）制定监督监管制度，防止因工作疏忽出现此类问题。

（3）加强工作人员业务知识及技能培训，增强人员责任意识。

【典型案例 4】更换电表未告知，设施破损表烧毁

客户反映工作人员在给其更换完电能表后未告知客户，未让客户确认电能表度数，且表箱未上锁便离开现场，因表箱陈旧破损，联系工作人员后仍未处理，在恶劣天气时表计烧毁，客户家中停电。

核实情况

客户反映情况属实。工作人员在给客户更换完电能表后直接离开现场，未告知客户更换情况、未确认电能表度数。客户发现后立即致电告知，且表示表箱陈旧破损需要更换，工作人员回复说等工作不忙时前来处理。之后，客户又三次致电希望尽快处理，工作人员均以目前供电所无表箱，等表箱到货后再更换的理由推脱。7 月 20 日该地区遭遇大风暴雨恶劣天气，表箱漏水着火，空气断路器跳闸停电。

暴露问题

（1）工作人员责任心不强，客户多次反映表箱问题，未及时处理，推诿搪塞客户，漠视客户利益。

(2) 表计更换未进行验收，未告知客户确认。

(3) 日常巡视、缺陷管理不到位，未采取有效措施处理安全隐患，最终造成表计损坏，引发投诉。

防范措施

(1) 工作人员应严格执行计量装置管理规定，更换装置后主动告知客户，与客户一起确认电能表度数。

(2) 加强员工服务意识，站在客户的角度思考，把客户的安全用电放在首位。

(3) 对客户诉求记录监督，闭环管理，防止出现客户多次反映仍无人解决的问题。

6.2.7 用电检查方面

【风险点 1】用电检查行为不规范

在开展用电检查工作前，未向客户出示工作证或表明身份，未在客户陪同下开展检查，现场检查过程中损坏客户物品或与客户发生纠纷、争执，或用电检查人员未在客户陪同下进入客户家中，现场检查过程中动作粗暴等，给企业形象造成不良影响。

形成原因 1：用电检查人员风险意识不强，事前未认识到用电检查工作的严肃性，未向客户表明身份。

形成原因 2：用电检查人员防范意识、自我保护意识不足，未在客户陪同下开展检查，或现场检查过程中损坏客户物品，与客户发生纠纷、争执。

政策依据

(1)《国家电网有限公司反窃电管理办法》（国网〔营销/3〕987—2019）第三十二条现场检查前，反窃电检查人员应严格按照现场作业安全规范要求，做好必要的人身防护和安全措施，携带摄影摄像仪器或现场记录仪、万用表、钳形电流表、证物袋等工具设备。

(2)《国家电网有限公司反窃电管理办法》（国网〔营销/3〕987—2019）第三十四条现场检查时应主动出示证件，并应由客户随同配合检查。对于客户不愿配合检查的，应邀请公证、物业或无利益关系第三方等，见证现场检查。

防范措施

(1) 建立窃电线索核查全流程闭环管理机制。按照《窃电线索核查全流程管理规范》，确保窃电线索"保密下发、高效查处、闭环整改"。

(2) 现场检查必须两人及以上，检查全程佩戴行为记录仪，检查前向客户先出示工作证，说明检查原因，并请客户陪同开展检查。

(3) 狠抓现场检查安全防护。按需配备反窃电人身安全防护装备，对事前研判存在风险的查处现场，全程穿戴防刺服、防暴护臂、防割手套、高强度安全帽等安全防护装备，防范突发性暴力冲突。

(4) 文明稽查、细心勘查，不得损坏客户物品，在检查完成后要恢复现场。不可与客户发生争吵争执，对查处窃电（违约用电）行为，客户不签字或不配合处理的，报上级部门，并保存好证据。

（5）规范窃电取证固证流程。严格贯彻落实《反窃电取证固证工作规范》，实现线上线下记录相结合，文字与视频、音频记录相补充，交叉印证窃电行为与追补依据，形成全过程留痕、可回溯管理。

【风险点2】现场用电检查结果处理不当

工作人员对用电检查结果定性错误、未按照规定进行处理，客户对处理结果不认可。

形成原因1：因业务能力不足或证据不足导致用电检查结果定性错误。

形成原因2：因追补电费计算方式不客观、不公正、无计算过程和依据导致客户对计算过程不清楚，与客户实际用电情况差别较大，客户对处理结果不认可。

政策依据

（1）《河南省供用电条例》第十四条供电企业应当加强对用电人安全用电的指导，按照国家有关规定开展用电检查。现场检查结束后，检查人员应当向用电人出具《用电检查结果通知书》。现场检查确认有危害供用电安全、扰乱供用电秩序或者违法用电行为的，检查人员应当予以制止，并按照合同约定或者国家有关规定处理。

（2）《河南省供用电条例》第十五条用电人对供电企业中断供电有异议的，可以向供电企业查询，也可以向电力行政管理部门或者电力监管机构投诉。接到投诉的部门应当及时调查，并在三个工作日内作出是否恢复供电的决定。用电人对处理决定不服的，可以依法申请行政复议或者提起行政诉讼。

防范措施

（1）对窃电或违约用电行为准确定性并完整登记窃电及违约用电行为；对客户表计资产信息、封印信息、电能表抄码、现场测试误差及客户用电设备清单、负荷容量准确进行登记。

（2）严把窃电金额计算环节。计算追补电费及违约金需准确描述计算过程、计算条款依据；对窃电处理的窃电时长确定可通过采集系统、营销业务应用系统电量数据比对的方式确定，对窃电时长无法准确确定的，可按相关规定条款为依据进行计算，但需清楚告知客户。

（3）对窃电工单所涉及的窃电电量计算过程、追补电费及违约使用电费收取情况进行抽查，严肃考核窃电电量计算不规范、违规减免追补金额等问题，确保反窃电金额合理回收。

【风险点3】用电检查中止供电、复电不当

未按照规定程序对需中止供电的用户停电或用户整改后未及时复电，易造成客户经济损失，影响客户用电，有损公司形象。

形成原因1：用电检查人员服务意识、业务能力不足，未按照规定程序对需中止供电的用户进行停电。

形成原因2：用电检查人员工作不认真、不负责，未跟踪处理，在用户整改交费后未及时复电，影响客户用电。

政策依据

(1)《供电营业规则》第六十七条除因故中止供电外，供电企业需对用户停止供电时，应按下列程序办理停电手续：应将停电的用户、原因、时间报本单位负责人批准，批准权限和程序由省电网经营企业制订；在停电前三至七天内，将停电通知书送达用户，对重要用户的停电，应将停电通知书报送同级电力管理部门；在停电前30分钟，将停电时间再通知用户一次，方可在通知规定时间实施停电。

(2)《供电营业规则》第一百条第四款擅自使用已在供电企业办理暂停手续的电力设备或启用供电企业封存的电力设备的，应停用违约使用的设备。属于两部制电价的用户，应补交擅自使用或启用封存设备容量和使用月数的基本电费，并承担二倍补交基本电费的违约使用电费；其他用户应承担擅自使用或启用封存设备容量每次每千瓦（千伏安）30元的违约使用电费。

防范措施

(1) 停电前用电检查人员事先通知客户，采取适当的措施确保不影响社会公共利益或不危害公共安全。

(2) 客户整改交费后，应及时对客户进行复电。如有特殊情况不能按约定时间送电，应主动联系客户说明原因。

【风险点4】对窃电（违约用电）客户查处不严或协助客户窃电（违约用电）

用电检查过程中未能及时发现安全隐患、未开具书面整改通知单，或为了谋取私利故意对安全隐患视而不见甚至协助客户进行窃电（违约用电），损害公司利益，影响企业形象。

形成原因1：因业务能力不足无法发现客户窃电（违约用电）行为。

形成原因2：在用电检查过程中不认真、不仔细，未发现客户存在窃电（违约用电）行为。

形成原因3：为个人及亲友谋取不正当利益，协助客户进行窃电（违约用电），损害公司利益，影响供电企业形象。

政策依据

(1)《国家电网有限公司员工服务"十个不准"》（修订版）第十条不准利用岗位与工作便利侵害客户利益、为个人及亲友谋取不正当利益。

(2)《电力供应与使用条例》第三十一条禁止窃电行为。

防范措施

(1) 改变窃电查处策略，通过大数据精准锁定重点查处目标。

(2) 加强人员法规培训，提高人员工作责任心，强化供电所日常监督管理。

(3) 强化窃电线索核查质量，不定期对反馈结果开展"回头看"行动，重点对未查实客户进行现场复核。

6.2.8 用电检查方面典型案例

【典型案例 1】处理违约不规范，违规停电遭投诉

客户投诉供电公司工作人员在未通知的情况下擅自停电，电话询问工作人员被告知是违约用电停电，且投诉供电公司乱收费问题。

核查情况

经调查，情况属实。用电检查人员现场检查时发现，该客户将已办理暂停手续的变压器私自启用，存在违规用电行为。工作人员在未告知公司负责人未履行停电手续情况下直接停电。在后期收取违约使用电费时，按照设备容量每次每千瓦（千伏安）50 元错误收取。

暴露问题

（1）用电检查人员业务知识掌握不全面，违约用电处理不规范，业务技能欠缺，存在违规停电、未按标准收费的情况。

（2）工作人员缺乏服务意识、风险防范意识，责任心不强，停电行为太随意，未按照规定程序履行停电手续提前通知客户。

（3）客户违约用电未及时收集、留存相关佐证，未及时进行重要服务事项报备。

防范措施

（1）加强用电检查人员业务能力培训，提高专业技能水平，增强服务和风险意识，定期组织进行案例学习，学会借鉴长智。

（2）定期对违约用电、窃电事件进行检查，重点检查工作人员在处理过程中是否存在违规、违纪行为。

（3）对于违约用电客户及时收集、留存相关佐证，进行重要服务事项报备工作。

【典型案例 2】私改铭牌去窃电，电工协助受处罚

用电检查人员在线损治理过程中，发现某商业用户用电量异常，怀疑该用户存在窃电嫌疑，启动现场检查。

核查情况

经现场调查，窃电情况属实。该客户电能表外部无破损、接线正确、电能表铅封正常，互感器铅封丢失，核查互感器铭牌变比与营销业务应用系统一致。用电检查人员现场测量互感器变比，发现实际互感器变比比营销业务应用系统大一倍。窃电者更换大变比电流互感器，将铭牌更换为原电流互感器铭牌，导致进表电流减少一半。后发现，所属供电所一电工为客户同学，协助客户窃电。

暴露问题

（1）工作人员法律意识淡薄，协助客户窃电，为亲友用电谋取不正当利益。

（2）供电所日常管理不到位，用电检查不彻底，未能及时发现。

防范措施

（1）加强工作人员法律风险意识和服务意识，以及典型案例的学习。

（2）加大反窃电线上舆论宣传。强化微博、短视频、微信等新媒体平台渠道的安全合规用电主题宣传，最大限度发动群众广泛参与，积极举报窃电线索。

（3）加强窃电高发区域走访宣传。强化警示教育，通过公布典型案例等方式，以案释法，提升法律意识，努力实现"查处一起、教育一片、震慑一方"。

（4）加强窃电行为对银行征信影响的宣传。将银行征信影响充分告知，发挥失信惩戒震慑效用，每季度至少开展一次反窃电舆论宣传，切实增强职工和客户的反窃电意识。

【典型案例 3】业务变更不细心，少计电量被处理

用电检查人员在电价执行情况排查时，发现某公司按用电性质应执行峰谷分时电价，但当月未收取峰谷分时电费，存在"分时电价执行异常"。

核实情况

经现场调查，客户"分时电价执行异常"情况属实。原有两台变压器并列运行，2月份客户资产发生变更，高压业扩员在对其走"改类"流程时，误把该客户计费方案中的"是否执行峰谷标志"选择为"否"，造成 3 月份发行电费后出现"分时电价执行异常"，少计峰谷分时电费 6000 余元。工作人员及时进行整改，对客户档案进行更正，并与客户沟通取得客户理解，于 4 月份对少计的峰谷分时电费进行了追补。

暴露问题

（1）业扩人员业务生疏，"分时电价"执行规则掌握不到位。

（2）业务变更流程管控不到位，缺乏必要的监督机制。

（3）电费核算日常管理存在疏漏，未能及时发现存在的问题。

防范措施

（1）加强工作人员业务能力提升和责任心。

（2）加强业务变更流程管控及监督检查，定期对客户异常用电情况进行核查。

6.3 窗口服务风险防范

6.3.1 营业场所风险点防范

【风险点 1】营业场所应公示内容未公示

营业场所未按照规定张贴通知对外公示营业时间，未及时更新营业时间牌、未提前 7 天公示节假日营业时间，营业场所装修未张贴通知，未公示变更后营业地点、营业时间、联系方式等，撤销的营业场所未及时拆除营业时间牌，营业场所服务内容、监督电话等应公示的内容未公示。

形成原因 1：工作人员业务能力不足，不知哪些内容需要公示。

形成原因 2：营业场所检查、监督不严格，专业管理部门未按照规定对营业场所进行检查。

政策依据

（1）《国家电网有限公司供电服务标准》5.1.8.1 供电营业厅应对外公告营业时间。供电营业厅撤并、迁址、暂停营业应至少提前 30 天对外公告。供电营业厅名称、服务项目、营业时间变动的应提前 7 天公告；5.1.8.2 供电营业厅应准确公示服务承诺、服务项目、业务办理流程、"95598"供电服务热线、网上国网 App、"95598"智能互动网站、服务监督电话、电价、收费项目及标准。

(2)《国家电网有限公司供电服务"十项承诺"》（修订版）第四条价费政策公开透明。严格执行价格主管部门制定的电价和收费政策，及时在供电营业场所、网上国网 App（微信公众号）、"95598"智能互动网站等渠道公开电价、收费标准和服务程序。

防范措施

(1) 新建、搬迁、撤销营业厅验收时，应有专门人员对国网标识、营业厅标识、营业厅营业时间牌等情况进行验收、确认。

(2) 各单位统一制作营业时间牌，营业时间调整时应下发统一的调整时间通知模板，通过视频监控、微信拍照、专人检查等手段确保各营业场所提前七天通知到位。

(3) 按照不同级别营业厅统一制作营业厅服务内容、监督方式等需公示的模板，由专人监督进行检查，杜绝出现应公示未公示情况。

【风险点 2】营业时间无人办理业务或未对外营业

在规定的营业时间营业场所无人值班、无人对接客户办理业务，或营业场所未开门营业。

形成原因 1：因工作人员遗忘营业时间、迟到、早退等未按规定时间营业，造成客户到营业场所后无法办理业务。

形成原因 2：因营业场所设备、设施故障无法开门营业、无法办理用电业务等。

形成原因 3：工作人员擅自暂时离岗、离岗时未正确摆放标志牌，造成客户办理业务时找不到相关工作人员。

政策依据

(1)《国家电网有限公司员工服务"十个不准"（修订版）》第八条不准营业窗口擅自离岗或做与工作无关的事。

(2)《国家电网有限公司供电服务标准》5.1.8.3 营业人员必须提前做好各项营业准备工作，准点上岗，按照公告时间准时营业。因故必须暂时停办业务时，应列示"暂停服务"标志。临下班时，对于正在处理中的业务应照常办理完毕后方可下班。下班时如厅内仍有等候办理业务的客户，应继续办理。

防范措施

(1) 通过视频监控、劳动纪律考勤等方式建立营业场所开关门常态监控机制及抽查巡视机制。

(2) 建立营业场所开关门情况提醒机制，可由办公楼保安、保洁等人员在发现未按时开关门时立即报告，如遇有客户在门口等候，可先安抚客户，做好解释工作。

(3) 建立营业场所人员请假制度，通过 AB 岗等形式明确解款代岗等营业场所人员暂离事件的应对措施，制定营业场所应急事件处置流程。

（4）制定应急预案，如营业场所门锁故障、纠纷堵门等突发情况影响正常营业的，立即启动应急预案，防范舆情等风险。

（5）每天对营业场所环境、设备设施进行检查，提前做好营业前的工作准备。检查发现问题时，立即摆放标志牌或提示牌，向客户做好解释工作，同时立即进行维修整改。

（6）工作人员离开岗位时，应主动告知其他工作人员离开原因、返岗时间，以便其他工作人员做好应对。

（7）因故离岗时，须正确摆放"暂停服务"标志牌；若离开时有客户前来办理业务，须办理完毕后才可离开岗位；若遇紧急情况必须离开时，应先向客户致歉并解释清楚，得到客户允许后，引导客户至其他窗口办理业务，方可离开；若办理业务时需要短暂离开岗位，如复印证件等，须向客户说明原因并致歉；返岗时，立即换下标志牌。

【风险点 3】营业场所人员服务行为不规范

营业场所工作人员对客户诉求表现不耐烦，对客户诉求不回应、不搭理，对客户冷言冷语，使用不礼貌、不文明用语回复客户，服务中存在搪塞、推诿行为，甚至侮辱客户、与客户争吵、谩骂、打架斗殴等行为，造成客户办理业务感知差，严重影响企业形象。

形成原因 1：工作人员服务意识淡薄，影响客户情绪，造成客户与服务人员对立的态度。

形成原因 2：工作人员服务技能欠缺，增加客户业务办理时间或重复办理，引起客户误会。

政策依据

（1）《国家电网有限公司供电服务标准》7.1.2 真心实意为客户着想，尽量满足客户的合理用电诉求。对客户的咨询等诉求不推诿，不拒绝，不搪塞，及时、耐心、准确地给予解答。用心为客户服务，主动提供更省心、更省时、更省钱的解决方案。

（2）《国家电网有限公司供电服务标准》5.1.8.4 实行首问负责制、一次性告知和限时办结制。

（3）《国家电网员工服务行为"十个不准"》（修订版）第六条不准漠视客户合理用电诉求、推诿搪塞怠慢客户。

防范措施

（1）加强对工作人员服务意识、敏感意识及服务技巧提升培训，定期进行典型案例学习，使工作人员时刻反省、审视自身行为。

（2）在服务过程中自觉使用服务规范用语，应语言清晰、语气诚恳倾听客户诉求，严禁使用有伤害客户自尊、讽刺、挖苦、粗俗、骂人、吐槽的语言，不做其他无关事情，必要时记录重要信息。

（3）工作发生差错时，及时更正并向客户致歉；客户发脾气、牢骚时，不要顶撞、反驳客户，应先安抚客户情绪，并耐心解释相关政策规定。如客户还不满意或自身无法处理应立即上报。

【风险点 4】营业场所人员未履行一次告知制和首问负责制

营业场所工作人员在受理客户诉求时，未一次性告知客户注意事项、应携带的材料等，作为公司第一位服务人员受理客户诉求时，没有跟踪闭环管理客户诉求，未履行首问负责制。

形成原因 1：工作人员业务办理不熟练，无法为客户提供快捷、准确办电业务。

形成原因 2：主动服务意识不强，对于客户诉求，营业场所工作人员未认真倾听、快速衔接，未登记、落实客户诉求。

形成原因 3：对于非本人责任范围的诉求，未及时为客户提供准确的联系人、电话和地址，未及时联系相关人员处理。

政策依据

(1)《国家电网有限公司供电服务标准》7.1.2 真心实意为客户着想，尽量满足客户的合理用电诉求。对客户的咨询等诉求不推诿，不拒绝，不搪塞，及时、耐心、准确地给予解答。用心为客户服务，主动提供更省心、更省时、更省钱的解决方案。

(2)《国家电网有限公司供电服务标准》5.1.8.4 实行首问负责制、一次性告知和限时办结制。

(3)《国家电网员工服务行为"十个不准"》(修订版)第六条不准漠视客户合理用电诉求、推诿搪塞怠慢客户。

防范措施

(1)强化工作人员业务培训，在正式上岗或增加新业务前，对工作人员进行办理业务模拟，确保工作人员业务熟练后正式上岗工作。

(2)建立客户诉求跟踪闭环机制，对现场未闭环的进行跟踪，并登记处理期限。

(3)对客户诉求属本人业务范围的，一次性告知客户诉求信息，并主动告知其办理注意事项、办理途径及最优解决方案，做好流程跟踪闭环，避免客户重复致电或往返。

(4)营业场所工作人员无法解决的客户诉求，应落实首问负责制，安抚客户，可先联系相关人员到现场进行接待。如相关人员无法到现场的，应告知客户已做好记录，将由专业人员与之联系并处理，事后立即汇报相关部门或责任人，并做好记录跟踪。

【风险点 5】营业场所人员做与工作无关的事

营业场所工作人员在工作时间玩手机、游戏等，做与工作无关的事情，影响企业形象。

形成原因 1：营业场所工作人员服务意识淡薄，在工作时间不能全心全意为客户服务。

形成原因 2：专业管理部门未认真履行管理职责，未及时发现、纠正营业场所工作人员行为。

政策依据

《国家电网员工服务行为"十个不准"》(修订版)第八条不准营业窗口擅自离岗或做与工作无关的事。

防范措施

（1）增强营业场所工作人员责任意识，定期开展相关培训，提升营业场所工作人员的综合业务能力。

（2）加强营业场所监控及营业场所窗口工作人员的值班管理，严禁工作时间做与工作无关的事情。

（3）加强营业场所日常巡视，发现问题及时解决，避免问题升级。

【风险点6】营业场所收费业务处理不规范

营业场所资金管理不规范，违规收取客户费用，电费等资金未及时缴存至客户账号，员工代交电费时使用私人银行卡、收取电费金额不正确或未按照要求开发票等，增加现金被截留、挪用风险，存在电费资金公款私存的行为，影响电费资金入账及时性，甚至存在廉政风险。

形成原因1：工作人员服务意识不强，业务能力不足，工作粗心大意。

形成原因2：工作人员利用工作之便为自己及家人谋私利。

政策依据

（1）《国家电网有限公司供电服务标准》6.7.5.2坐收时，收费人员应核对户号、户名、地址等信息，告知客户应交电费金额及收费明细，避免错收，收费后应主动向客户提供收费发票。与客户交接钱物时，应唱收唱付，轻拿轻放，不抛不丢。

（2）《国家电网有限公司员工服务"十个不准"》（修订版）第二条不准违反政府部门批准的收费项目和标准向客户收费。

（3）《国家电网有限公司员工服务"十个不准"》（修订版）第十条不准利用岗位与工作便利侵害客户利益、为个人及亲友谋取不正当利益。

防范措施

（1）规范电费收缴业务流程，细化工作要求，加强电费资金安全管控，加强电子化交费渠道管理。

（2）开展解款和到账及时性常态监控，分析电费解款未及时到账原因，加强电子化交费渠道推广，防范电费回收风险。

（3）开展业务培训，加强电子化交费渠道推广，规范收费和账务人员的业务处理，严禁收费人员未实际收取客户电费的情况下在营销业务应用系统进行销账，增强资金风险意识，严禁员工通过个人银行卡为客户代收代交电费。

6.3.2　营业场所典型案例

【典型案例1】工作疏忽不认真，垫付电费要慎重

客户反映4月15日在某营业厅交纳电费现金100元，4月16日仍收到欠费停电短信，经查系统该笔电费并未交入客户电力账户。

核查情况

客户在4月15日到某营业厅交纳电费100元，由于当时系统故障暂不能交费，客户委

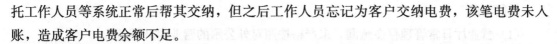

托工作人员等系统正常后帮其交纳,但之后工作人员忘记为客户交纳电费,该笔电费未入账,造成客户电费余额不足。

暴露问题

(1) 收费人员未严格执行收费流程及规范,损害了供电企业公平、公正、公信的形象。

(2) 供电所日常管理存在疏漏,收费人员监管不严,未及时发现工作人员的违规行为。

防范措施

(1) 增强营业场所工作人员责任意识,提升营业场所工作人员的综合业务能力。

(2) 加强营业场所管理,定期开展营业场所工作人员的相关培训。

【典型案例 2】客户无辜多跑趟,诉求施工难如愿

客户于 10 月在某营业厅申请办理居民新装,工作人员答复客户"没有电能表"。同时在申请期间工作人员将客户递交的身份证复印件丢失,并以客户递交新装资料时没有留电话号码为由拖延客户的报装申请。

核查情况

10 月左右客户前往营业厅申请办理居民新装业务时,工作人员未认真检查客户递交的申请材料是否齐全、内容是否完备,仅以表计库存不足为理由推诿客户用电业务申请。在表计补充后,工作人员也未及时与客户联系办理新装电能表。至 12 月底期间,待客户再次申请时,工作人员检查发现客户资料不齐全,不予受理。

暴露问题

(1) 营业厅工作人员未遵守国家法规及企业规定,以非正当理由拒绝客户用电申请。

(2) 营业厅工作人员未兑现与客户的承诺,超过约定期限仍未处理客户申请。

(3) 营业厅对约定延期办理的业务,缺少闭环管控。

防范措施

(1) 严格落实表计管理制度,结合工作实际,预测到表计不足时适当提前补充表计,避免客户申请新装或更换电能表时无法办理。

(2) 认真学习公司规章制度,学习服务规范、工作标准和员工行为规范等优质服务相关文件。

(3) 严格执行国家电网有限公司有关持续优化营商环境提升供电服务水平的管理制度,定期检查政策执行情况,严格管控服务行为,发现问题及时纠正。

(4) 加强工作人员服务意识的培训,以客户为中心,多换位思考。

【典型案例 3】上班时间不准点,客户诉求无人理

客户反映 12 月 1 日 12:20 到某供电所营业厅办理交费业务,发现营业厅无人且大门已锁,客户白跑一趟,感到非常不满。

核查情况

客户反映情况属实。当天该营业厅工作人员一人请假,另一人在 12:00 左右缺岗外出,造成客户到营业厅办理交费业务时,营业厅无人且大门已锁。

暴露问题

（1）营业厅日常管理存在疏漏，未严格按照对外公示的营业时间营业。

（2）窗口服务人员意识不强，工作时间擅自脱岗，对规章制度执行不到位。

防范措施

（1）加强营业厅监控，加强营业厅窗口工作人员的值班管理，严格按照对外公示的营业时间营业。

（2）加强营业厅服务规范培训和现场管理，窗口工作人员离岗前应在工作台摆放"暂停营业"标志牌。

（3）加强营业厅工作的巡视，发现问题及时解决，避免问题升级。

6.4 生产风险防范

生产风险主要指供电公司向客户提供供电产品时，供电产品质量不能满足客户需求；或者在向客户提供供电产品时，生产指挥人员、抢修人员、运维人员等人员服务质量不能满足客户需求。生产风险包括供电质量风险、抢修服务风险、配电网指挥风险三类。

【风险点 1】供电质量风险防范

【风险点 1.1】频繁停电（多次停电）

因电网侧原因，同一客户在一定时间周期内发生多次供电中断。

形成原因 1：因供电公司产权的电网设备故障，导致客户供电被迫中断，同一客户在一定时间周期内发生多次供电中断。

形成原因 2：因供电公司产权的电网设备计划检修安排不合理。

形成原因 3：因自然灾害、政府文件要求配合停电等其他因素引起同一客户在一定时间周期内发生多次供电中断。

政策依据

（1）《供电服务标准》（Q/GDW 10403—2021）4.5 供电设备计划检修。对 35 千伏及以上电压供电的客户，每年停电不应超过一次；对 10 千伏供电的客户，每年停电不应超过三次。

（2）《国家电网公司供电服务"十项承诺"》（修订版）第一条电力供应安全可靠。城市电网平均供电可靠率达到 99.9%，居民客户端平均电压合格率达到 98.5%；农村电网平均供电可靠率达到 99.8%，居民客户端平均电压合格率达到 97.5%；特殊边远地区电网平均供电可靠率和居民客户端平均电压合格率符合国家有关监管要求。

（3）《国家电网有限公司 95598 客户服务业务管理办法》附件 1 供电质量投诉指供电企业向客户输送的电能长期存在频繁停电、电压偏差、电压不平衡、电压波动或闪变等供电质量问题，影响客户正常生产生活秩序引发的客户投诉，主要包括电压质量、供电可靠性等方面。

防范措施

（1）供电公司不断改善供电可靠性，减少设备检修和电力系统事故对用户的停电次数及每次停电持续时间。供用电设备计划检修应做到统一安排。电力线路规划时应考虑自然灾害发生的可能，采取针对性的防范措施。

（2）对故障停电，采取"先复电、再抢修"的治理措施，在确保安全的前提下可以采取试送电方式确定故障区间，优先隔离故障并恢复非故障区域的供电，再尽快抢修恢复正常供电。

（3）对于已构成频繁停电的线路，设备管理部门按照"13720"要求开展问题治理，即1个工作日完成问题调查，3个工作日确定治理方案，7个工作日完成运维手段治理；通过运行维护手段无法达到预期目标的，申报电网改造需求，并在2个月内完成彻底改造任务；治理完毕后，应至少实施半年的跟踪监管，确保问题0反弹。无法在短期或与客户约定期限内无法整改到位的频繁停电设备，设备主人应向客户说明情况，并将整改计划、措施以及存在的困难等告知客户，争取客户理解。

（4）发生故障停电时，通过微信、短信、现场张贴公告等多种渠道及时发布停电信息，通知停电区域内客户，安抚客户情绪。对因自然灾害、政府有关政策等其他因素可能引起客户供电中断时，供电公司除及时向客户解释原因外，应及时向有关部门争取相关文件支撑，完成重要服务事项报备。

（5）强化设备运行维护管理。一是根据线路运行状态，按照轻重缓急开展状态评价工作，并由运行维护责任部门及时申报改造需求；二是加强设备巡视。运行维护人员通过巡视、带电检测等手段及时发现设备故障，对2个月内停电2次及以上的线路或台区组织开展专项巡视，对存在隐患、缺陷的设备及时消缺；三是加强线路综合治理。积极与政府相关部门沟通，定期进行线路通道清理，确保线路和设备稳定运行。

（6）合理、统筹安排计划检修，所有涉及10千伏停电的计划检修、配网建设和业扩等项目，原则上全部采用不停电作业方式。同一供电范围的设备计划停电全年不得超过3次，3个月内不得重复安排计划停电，严控计划停电次数（出自Q/GDW 10403—2021《供电服务标准》）。运行监控人员动态跟踪线路停电情况，对于构成频繁停电的线路，及时发布供电服务风险预警。

（7）防范第三方责任停电。一是加强外力破坏管控，做好线路和设备巡视工作，建立防外破台账，对附近有施工作业点的线路和设备增加巡视密度，有外破隐患的应采取一周一巡、蹲点等措施解决；二是常态开展专用变压器客户用电检查，督促客户开展内部设备的运行维护和消缺工作；三是在专用变压器客户产权分界处加装智能分界开关，切除客户内部故障，防范客户产权故障时产生的故障电流冲击到供电公司产权电网设备，导致供电公司产权的电网设备故障跳闸。

【风险点 1.2】供电电压异常

因电网侧原因，供电公司供到客户产权分界点处（受电端）电压低于或高于国家能源局发布的《供电营业规则》标准规定，持续一定时间未恢复正常。

形成原因 1：因电网结构不合理或线路、设备异常运行，供电公司供到客户产权分界点处（受电端）电压低于或高于国家能源局发布的《供电营业规则》标准规定，且客户用电功率因数达到《供电营业规则》标准规定，持续一定时间未恢复正常。

形成原因 2：客户用电功率因数未达到《供电营业规则》标准规定，供电公司仍安排送电；或对已送电的客户功率因数未达到《供电营业规则》标准规定，供电公司未按要求督促和帮助用户采取措施，提高功率因数；或对在规定期限内仍未采取措施使功率因数达到上述要求的用户，供电企业未采取中止或限制供电措施时，供电公司供到用户客户产权分界点处（受电端）电压低于或高于国家能源局发布的《供电营业规则》标准规定，持续一定时间未恢复正常。

形成原因 3：供电公司供到客户产权分界点处（受电端）电压符合《供电营业规则》标准规定，但用户自身内部电压低或者电压异常，因电压指标不合格而引起责任纠纷。

形成原因 4：因电网改造、施工期间，某供电区域范围内客户处于非正常运行方式，短时间内因供电半径过长、线路或设备重过载、三相不平衡等因素产生短时低电压。

政策依据

（1）《供电服务标准》（Q/GDW 10403—2021）在电力系统正常状况下，供电企业供到用户受电端的供电电压允许偏差为：①35 千伏及以上电压供电的，电压正、负偏差的绝对值之和不超过标称电压的 10%；②20 千伏及以下三相供电的，为标称电压的 ±7%；③220 伏单相供电的，为标称电压的 +7%，−10%。在电力系统非正常状况下，用户受电端的电压最大允许偏差不应超过标称电压的 ±10%。

（2）《供电营业规则》第五十四条在电力系统正常状况下，供电企业供到用户受电端的供电电压允许偏差为：①35 千伏及以上电压供电的，电压正、负偏差的绝对值之和不超过额定值的 10%；②10 千伏及以下三相供电的，为额定值的 ±7%；③220 伏单相供电的，为额定值的 +7%，−10%。在电力系统非正常状况下，用户受电端的电压最大允许偏差不应超过额定值的 ±10%。用户用电功率因数达不到本规则第四十一条规定的，其受电端的电压偏差不受此限制。

（3）《国家电网公司供电服务"十项承诺"》（修订版）第一条电力供应安全可靠。城市电网平均供电可靠率达到 99.9%，居民客户端平均电压合格率达到 98.5%；农村电网平均供电可靠率达到 99.8%，居民客户端平均电压合格率达到 97.5%；特殊边远地区电网平均供电可靠率和居民客户端平均电压合格率符合国家有关监管要求。

（4）《国家电网有限公司 95598 客户服务业务管理办法》附件 1 供电质量投诉指供电企业向客户输送的电能长期存在频繁停电、电压偏差、电压不平衡、电压波动或闪变等供电质量问题，影响客户正常生产生活秩序引发的客户投诉，主要包括电压质量、供电可靠性等方面。

防范措施

（1）对供电公司责任范围内的线路、配电变压器（配变）及户表开展不间断电能质量监控，对出现的重过载、低电压、过电压、三相不平衡等问题及时派发主动检修工单，由属地设备运维管理单位进行运维治理；对无法采取运维手段根治的线路、配变及用户，应上报设备管理部门，及时储备工程建设项目对产生低电压（供电电压异常）的线路或设备进行改造。

（2）对因客户（含发电客户）功率因数不良、产生超标谐波等引起的电压质量异常，属地责任单位应及时发现，及时对该用户进行用电检查，督促和帮助用户采取措施，提高功率因数、降低谐波使之电压恢复正常，对在规定时间范围内拒不整改的用户应及时采取中止或限制供电措施。因电压指标不合格而引起责任纠纷时，属地责任单位应及时主动联系客户向电力管理部门认定的电能质量技术检测机构申请技术仲裁。

（3）对于已构成低电压的线路、设备或用户，应责成设备管理部门按照"13720"要求开展问题治理，即1个工作日完成问题调查、3个工作日确定治理方案，7个工作日完成运维手段治理；通过运行维护手段无法达到预期目标的，申报电网改造需求，并在2个月内完成彻底改造任务；治理完毕后，应至少实施半年的跟踪监管，确保问题0反弹。无法在短期或与客户约定期限内无法整改到位的低电压线路、设备或用户，设备主人应向客户说明情况，并将整改计划、措施以及存在的困难等告知客户，争取客户理解。

（4）对因缺相等故障引起的故障电压异常，应及时采取切断电源措施，不得带病运行，防止事故扩大。对因电网改造、施工期间，某供电区域范围内客户处于非正常运行方式可能产生短时低电压时，应通过官方微信、短信、现场张贴公告等多种渠道及时发布电压异常预警，通知停电区域内客户，安抚客户情绪，并针对该区域内对电压质量有特殊要求的用户及时采取变压器调挡、使用稳压器等措施保持其电压在正常范围内。对因自然灾害、政府有关政策等其他因素可能引起客户电压异常时，供电公司除及时向客户解释原因外，应及时向有关部门争取相关文件支撑，完成重要服务事项报备。

【风险点2】抢修服务风险防范

【风险点2.1】超时限

抢修人员到达故障现场时限不符合《国家电网公司供电服务"十项承诺"》相关规定，或者抢修服务人员与客户通过电话、微信等方式约定抢修到达现场时限，抢修服务人员未按照约定时限提前到达现场。

形成原因1：因各级客服中心、供电服务指挥中心人员差错等原因迟发、错发、错填故障抢修工单，或因供电服务指挥系统故障原因导致故障抢修工单接派单超时，客户对供电公司抢修超时限表示不满。

形成原因2：因抢修人员、车辆、交通、地区政策等原因导致抢修人员在接到客户故障报修工单后未及时到达现场（包括119、110等公共服务转接电话，客户通过供电所网格服务电话、抢修热线等联系抢修人员后，抢修人员未及时达到现场），客户对供电公司抢修超时限表示不满。

形成原因3：因自然灾害、政府有关限行政策、区域封控政策、军事管制等其他因素引起抢修人员客观上无法到达现场或者无法在规定时限内到达现场时，客户对供电公司抢修超时限表示不满。

形成原因4：抢修服务人员与客户通过电话、微信等方式约定抢修到达现场时限，抢修服务人员未按照约定时限到达现场时，客户对供电公司抢修超时限表示不满。

政策依据

(1)《河南省供用电条例》第十一条供电企业应当及时处理供电故障，尽快恢复正常供电。因天气、交通等特殊原因无法及时到达现场的，应当向用电人作出解释。

(2)《国家电网公司供电服务"十项承诺"》(修订版)第三条快速抢修及时复电。提供24小时电力故障报修服务，供电抢修人员到达现场的平均时间一般为：城区范围45分钟，农村地区90分钟，特殊边远地区2小时。到达现场后恢复供电平均时间一般为：城区范围3小时，农村地区4小时。

(3)《国家电网公司供电服务"十个不准"》(修订版)第六条不准漠视客户合理用电诉求、推诿搪塞怠慢客户。

(4)《国家电网有限公司95598客户服务业务管理办法》附件3国家电网有限公司"95598"故障报修业务处理规范第3条，抢修人员到达故障现场时限应符合：城区范围一般为45分钟，农村地区一般为90分钟，特殊边远地区一般为120分钟。抢修到达现场后恢复供电平均时限应符合：城区范围一般为3小时，农村地区一般为4小时。具备远程终端或手持终端的单位，抢修人员到达故障现场后5分钟内，运用智能化手段自动上传到达现场时间，抢修完毕后5分钟内上传故障恢复时间，并点选回单，由配网抢修指挥班组30分钟内完成审核提交；不具备远程终端或手持终端的单位，抢修人员到达故障现场后5分钟内向本单位配网抢修指挥班组反馈，暂由配网抢修指挥班组在5分钟内，将到达现场时间录入系统，抢修完毕后5分钟内抢修人员向本单位配网抢修指挥班组反馈结果，暂由配网抢修指挥班组在30分钟内完成全点选回单。国网客服中心应在接到回复工单后24小时内回访客户。第6条：抢修人员在到达故障现场确认故障点后20分钟内，向本单位配网抢修指挥班组报告预计修复送电时间，并实时更新，抢修时间超过4小时的，每2小时向本单位配网抢修指挥班组报告故障处理进展情况；其余的短时故障抢修，抢修人员汇报预计恢复时间。影响客户用电的故障未修复（除客户产权外）不得回单。

防范措施

(1)各级客服中心、抢修指挥人员应密切关注客户故障报修情况和供电服务指挥系统运转情况。在客户挂断电话或会话结束后2分钟内，客服专员应根据客户的诉求及故障分级标准选择故障报修等级，生成故障报修工单派发至相应抢修人员；对因地址错误、联系电话有误等原因回退的工单，派发单位应在回退后3分钟内重新核对受理信息并再次派发。

(2)抢修服务人员接到故障报修工单后，应立即联系主动联系客户并按规定时限尽快赶赴现场；如果不能立即到达，应主动向客户充分解释，安抚客户情绪。可以推送一条自定义致歉短信，短信模板为："尊敬的××客户，因正在处理××线路故障，待故障处理完毕后，我们会立即到您处。给您带来不便，特发此信息表达歉意！您有任何用电方面的问题，可拨打××电话或关注××供电公司官方微信公众号，我们将竭诚为您服务！【××供电公司】"。

（3）抢修指挥采取就近抢修原则，但各级供电公司应有故障应急抢修预案，并常设多级抢修梯队，在因抢修点过多导致梯队抢修人员不足时，应及时按照预案调配其他抢修队伍投入抢修现场，确保满足抢修时限要求。

（4）做好优质服务，对有特殊困难不能按时抢修并恢复供电的，因特殊原因（如遇自然灾害、恶劣天气、交通管制、区域封控、军事管制等）无法按时限要求到达现场时，应及时做好向客户的通知和解释工作，同时应立即向国网客户服务中心发起重要服务事项报备。客户电话无法接通时，应发短信告知。多次与客户联系不畅时，可根据客户报修地址现场查找表计位置，若无法找到，立即给客户发送短信，同时联系所属客户经理查找，留存相关佐证。

【风险点 2.2】抢修人员服务行为不当形成原因

供电公司抢修人员（含电话服务）不符合《配网故障抢修服务行为规范》各项要求，违反《国家电网公司供电服务"十个不准"》（修订版）相关规定。

形成原因 1：抢修人员在工作中（含电话服务）中存在推诿搪塞、谩骂、威胁、侮辱客户，使用不文明、不礼貌用语回复客户，与客户争吵、发生肢体冲突等，客户对此表示不满。

形成原因 2：抢修人员（含电话服务）酒后上岗，不执行首问负责制、泄露客户信息，客户对此表示不满。

形成原因 3：实际客户报修设备为非供电公司产权，但客户致电"95598"报修后，抢修人员在到达现场确认故障产权前对用户发生的服务态度问题，认定为抢修人员服务行为问题。

政策依据

《国家电网公司供电服务"十个不准"》（修订版）第五条不准擅自变更客户用电信息、对外泄露客户个人信息及商业秘密。第六条不准漠视客户合理用电诉求、推诿搪塞怠慢客户。

防范措施

（1）严格执行省公司《配网故障抢修服务行为规范》各项要求，对各级抢修服务人员，包括外包抢修人员常态化开展培训和模拟演练，提高抢修人员整体服务形象。如遇抢修服务人员个人原因与客户产生冲突，上级服务管理人员应立即介入，做好客户安抚及后续处理工作。

（2）严禁抢修人员包括外包抢修人员酒后上岗，各属地管理单位应全面做好抢修服务现场监督，防止抢修人员产生推诿、怠慢客户、泄露客户信息等问题。

（3）如客户报修设备为非供电公司产权，应提前向客户解释，并全程注意礼貌用语，保持良好形象。按规定时限到达现场与客户确认设备产权归属，并注意现场留证，各属地设备管理单位应及时发起重要服务事项报备。

【风险点 2.3】故障处理环节不规范

故障处理环节中，抢修人员故障处理不规范、不完善或者故障处理时间长，用户对供电公司人员在故障处理中某一环节或多个环节不满。

形成原因 1：抢修质量差。客户反映抢修人员现场抢修结束后，现场仍存在安全隐患、故障现象仍存在、故障未修复、抢修不彻底（来电后 24 小时内再次停电）等问题。

形成原因 2：处理时间长。客户反映抢修人员现场处理故障的时间太长、效率低下、处理进度慢等。

形成原因 3：抢修过程违反规定。抢修人员工作中存在承诺未兑现；抢修人员上班时间雇佣他人代替自己工作，出现被雇佣人员工作服务规范问题；明确因工作人员失误导致的家电损坏问题；进入客户厂区未出示相关证件或进入客户厂区内未遵守客户厂区有关管理规定；未经客户允许使用客户物品，使用后未放回原处，损坏客户物品未修复或赔偿；在客户厂区或资产范围内抢修时，未尊重客户意愿的行为。

政策依据

（1）《国家电网有限公司 95598 客户服务业务管理办法》附件 3 国家电网有限公司 95598 故障报修业务处理规范第 3 条，抢修到达现场后恢复供电平均时限应符合：城区范围一般为 3 小时，农村地区一般为 4 小时。具备远程终端或手持终端的单位，抢修人员到达故障现场后 5 分钟内，运用智能化手段自动上传到达现场时间，抢修完毕后 5 分钟内上传故障恢复时间，并点选回单，由配网抢修指挥班组 30 分钟内完成审核提交；不具备远程终端或手持终端的单位，抢修人员到达故障现场后 5 分钟内向本单位配网抢修指挥班组反馈，暂由配网抢修指挥班组在 5 分钟内，将到达现场时间录入系统，抢修完毕后 5 分钟内抢修人员向本单位配网抢修指挥班组反馈结果，暂由配网抢修指挥班组在 30 分钟内完成全点选回单。国网客服中心应在接到回复工单后 24 小时内回访客户。第 6 条抢修人员在到达故障现场确认故障点后 20 分钟内，向本单位配网抢修指挥班组报告预计修复送电时间，并实时更新，抢修时间超过 4 小时的，每 2 小时向本单位配网抢修指挥班组报告故障处理进展情况；其余的短时故障抢修，抢修人员汇报预计恢复时间。影响客户用电的故障未修复（除客户产权外）不得回单。

（2）《国家电网有限公司供电服务标准》5.4.4.1 客户现场的服务人员包括：从事业扩报装、营业计量、配电抢修、能效公共服务 等服务的人员。客户现场服务人员应经相应的岗前培训合格，方可上岗工作。6.2.5.1 故障抢修服务供电抢修处理人员到达现场的时间一般为：城区范围 45 分钟；农村地区 90 分钟；特殊边远地区 2 小时。若因特殊恶劣天气或交通堵塞等客观因素无法按规定时限到达现场的，供电抢修处理人员应在规定时限内与客户联系、说明情况并预约到达现场时间，经客户同意后按预约时间到达现场。6.2.5.2 电网故障导致客户停电时，在故障点明确后 20 分钟内发布故障停电信息。客户查询故障抢修情况时，应告知客户当前抢修进度或抢修结果。6.2.5.3 供电抢修处理人员到达现场后恢复供电平均时间一般为：城区范围3小时，农村地区4小时。

防范措施

（1）属地设备管理单位应设置抢修技术负责人，严格管控抢修预案、抢修方案、材料选型、施工工艺、验收标准等，并指派专人服务抢修验收，确保抢修质量。如因夜间抢修、施工困难、恶劣天气等因素，不能彻底消除故障，为快速恢复供电，现场采取临时抢修复电处置措施时，应现场或以其他方式向客户解释说明，并安排专人加强巡视检测，并设定专门监督台账在条件允许时尽快恢复。如果确实发生故障处理不彻底问题，应主动向客户表达歉意，及时解决客户处二次故障。抢修完毕应与客户当面或电话联系，由客户确认故障已消除后方可离开。

（2）开展抢修工作时，应采取"先复电、再抢修"的抢修策略，在确保安全的前提下可以采取试送电方式确定故障区间，优先隔离故障并恢复非故障区域的供电，再尽快抢修故障恢复正常供电。属地设备运行单位应充分考虑抢修任务、设备、人员、环境等条件，调配足量抢修力量开展抢修工作，确保尽快复电。如因夜间抢修、施工困难、恶劣天气等因素，抢修进度较慢，不能快速恢复供电时，应及时向客户解释说明，并在不影响抢修进度的情况下，安排专人在客户微信群、发短信等渠道定期播报现场抢修进展，争取客户谅解。

（3）各抢修人员不得私自转派抢修任务，如抢修人员因故不能参与抢修时，应及时报告属地设备管理单位安排其他抢修人员。抢修人员应在指定的合理抢修范围内开展抢修工作，因抢修需要必须进入客户厂区等时，应提前征得客户同意，尊重客户意愿，并遵守客户厂区有关管理规定。不经允许不使用客户物品，使用后应放回原处，损坏客户物品应及时向客户解释，并按要求修复或赔偿。抢修人员在工作中需要向客户做出承诺时，应报告征得属地设备管理单位同意，并留好记录按时兑现，兑现承诺时应及时告知客户。

【风险点3】停送电信息风险防范

停送电信息风险指因各种原因导致停送电信息未发布、发布时限不满足要求、停电信息发布内容不准确、停电客户通知不正确，供电公司未及时纠正。

形成原因1：停送电信息未发布或发布时限不满足要求，停电信息发布时间范围不准确，停电信息未准确通知目标客户。

形成原因2：停送电信息延期、改期、撤销不及时，导致客户不了解停电信息，影响客户生产、生活。

政策依据

（1）《河南省供用电条例》第十一条供电企业应当及时处理供电故障，尽快恢复正常供电。因天气、交通等特殊原因无法及时到达现场的，应当向用电人作出解释。第四十五条供电企业采取中断供电措施，应当按照下列要求事先通告或者通知用电人：因供电设施计划检修的，供电企业应当提前7日通告用电人；因供电设施临时检修的，供电企业应当提前24小时通知重要用电人。

（2）《供电营业规则》第六十八条因故需要中止供电时，供电企业应按下列要求事先通知用户或进行公告，因供电设施计划检修需要停电时，应提前 7 天通知用户或进行公告；因供电设施临时检修需要停止供电时，应当提前 24 小时通知重要用户或进行公告；发供电系统发生故障需要停电、限电或者计划限、停电时，供电企业应按确定的限电序位进行停电或限电。但限电序位应事前公告用户。

防范措施

（1）严格把控停电信息发布源头。一是各部门按照专业管理职责，需提前 8 天报送计划停电信息，提前 2 天报送临时停电信息；二是在配电自动化系统覆盖前，由现场抢修人员现场确认故障点后 10 分钟内将故障停电信息报告配抢指挥员。配电自动化系统覆盖后，由配抢指挥员独立编译停电信息，在确认故障点后 5 分钟内完成停电信息编译。三是供电服务指挥中心严格按照规定时限要求发布停电信息。

（2）加强供电服务指挥系统管控。一是供电服务指挥中心安排专人负责停电信息发布、变更、审核工作，每值交班前核对停电信息发布有无遗漏。二是收到系统推送主动工单或客户报修工单，配抢指挥员立即联系调度人员或属地设备运行维护人员核实，确定停电时间、原因及范围，及时发布停电信息。三是供电服务指挥中心在计划、临时类工作停电前一天，再次与检修单位核对计划是否按期开工，停电时间、范围是否正确，因不可抗力导致未按计划时间停电时，检修部门应立即汇报供电服务指挥中心，若确无法开展施工，立即撤销停电信息，并发送客户短信。四是配抢指挥员应在计划类工作结束前，询问抢修人员工作能否按时竣工，若不能按时竣工应至少提前 30 分钟对外发布延期信息；预计将要延迟送电的停电信息，各部门按照专业管理职责必须在原计划送电时限至少提前 1 个小时告知供电服务指挥中心。五是发生停电信息漏发时，供电服务指挥中心应立即补录停电信息，并及时发送客户短信，已停电的情况应汇报相关单位，做好客户解释工作。

【典型案例 1】电压过低工程慢，影响生活遭投诉

5 月 31 日，某小区客户投诉当地电压低已持续两三年，2 年前向"95598"反映，供电公司承诺给其新建变压器，但一直未施工，客户不满投诉至"12398"，要求立即彻底解决低电压问题。

核查情况

经调查客户反映情况属实。客户处位于供电末端，距离变压器较远，系统查询历史电压监测点数据证实确实存在低电压已经持续 3 年的情况，并且电压最低时段仅 189.2 伏，客户家中空调不能正常启动；经 ERP 系统查证该地已上报低电压修缮工程，但因疫情原因部分施工材料未到位，导致一直未进行新建变压器施工。

暴露问题

（1）客户已形成长时间低电压事实，属地责任单位未尽到设备运维责任，未及时主动监测发现客户低电压问题，客户拨打"95598"电话后才采取措施进行治理。

（2）客户供电质量问题诉求响应未达到"13720"要求，设备管理部门和工程项目管理单位未尽到项目管理责任，导致项目未在 2 个月内改造完毕，虽有疫情等客观因素，但项目实施周期仍然过长。

（3）客户因电网侧低电压原因，已存在家中空调不能正常启动等客观事实，因疫情等原因项目未及时落地根治，属地责任单位未尽到设备运维管护责任，未采取安装稳压器、调整电源接入点或其他有效的临时措施改善客户电压状况，响应客户诉求过于被动。

防范措施

（1）各属地设备运维单位应对责任范围内的线路、配变及户表开展不间断电能质量监控，及时发现重过载、低电压、过电压、三相不平衡等问题及时治理改造，变被动治理为主动治理。

（2）对于已构成低电压的线路、设备或用户，应责成设备管理部门按照"13720"要求开展问题治理，即1个工作日完成问题调查、3个工作日确定治理方案，7个工作日完成运维手段治理；通过运行维护手段无法达到预期目标的，申报电网改造需求，并在2个月内完成彻底改造任务；治理完毕后，应至少实施半年的跟踪监管，确保问题0反弹。

（3）在短期或与客户约定期限内无法整改到位的低电压线路、设备或用户，设备主人应向客户说明情况，并将整改计划、措施以及存在的困难等告知客户，争取客户理解。

（4）该客户低电压虽无法立即彻底治理，但属地单位应及时采取变压器调档、使用稳压器、调整电源接入点等措施改善其电压状况，让客户在彻底改造完成前能够正常启动空调。

【典型案例2】到达现场超时限，故障升级遭投诉

7月30日，客户报修一户无电。5分钟后接工作人员首次回复：停电原因属客户内部故障导致。此外无人与客户联系，无人开展抢修工作；2小时后，客户再次来电投诉，报修后一直无工作人员到达现场，存在超出承诺时限的情况，客户表示多次催促当地供电所电工一直答复10分钟就过去，但一直无人到现场，且表示电工电话中的回复态度差。

核查情况

经调查，客户反映情况属实。经事后调阅查证，该用户户表当时存在掉电，故障点位于电网侧。该供电所抢修值班人员接到"95598"报修工单后，已及时安排人员抢修，但抢修人员在前往故障现场的途中，接到多个客户反映非客户所在地的故障报修电话，抢修人员未将先前往多户报修地抢修的事宜告知值班人员，导致客户多次催促故障工单时，工作人员回复"10分钟到达"的情况出现，实际是抢修人员未到达故障现场，导致客户多次催办，工作人员在跟客户联系时，确实存在不耐烦且态度不好的情况，给客户造成不便，现已与客户联系解释，得到客户谅解。

暴露问题

（1）该供电所抢修管理混乱。一是抢修过程中，无人监督抢修工作进展；二是抢修任务安排不合理，把大量不同地点的故障报修任务安排同一抢修人员处理；三是工作人员服务意识淡薄，随意向客户作出"10分钟到达"承诺，并不履行承诺；四是抢修服务不尊重客户，存在不耐烦且态度不好的情况。

（2）该地供电服务指挥管理不当，未开展工单质检。一是对"客户内部故障"这一回单内容未进行校验，未及时发现"用户户表掉电"这一客观现象，盲目办结工单；二是未做好抢修指挥，在发现供电所对不同地点的故障报修任务安排同一抢修人员处理时，未及时上报相关管理部门干预调整，造成抢修资源局部紧张。

防范措施

（1）加强供电所抢修过程管理。一是供电所应按照抢修任务发生频率、抢修在途工单数量等动态调整抢修队伍值班人员，确保抢修人员确能及时响应客户诉求；二是属地设备管理单位应指派抢修监督人员，对抢修服务质量进行监督，对抢修服务行为进行管控；三是做好抢修到达现场管控，除客户明确表示问题已解决外，确保"每个抢修工单按时到达"刚性执行。

（2）加强服务指挥人员工单质检技能培训。一是对工单处理内容进行质检，杜绝虚假回单；二是对回单内容进行质检，及时电话回访客户，确保客户诉求确已响应解决方可办结工单；三是做好抢修指挥，在发现工单接派单不合理时，及时上报相关管理部门干预调整，以免造成抢修资源局部紧张。

【典型案例 3】抢修人员技能低，反复处理不彻底

2 月 26 日，客户反映电能表进线虚接致使经常停电。供电抢修人员李某到达现场，经检查后告诉客户："电能表有电，进线没问题，其他问题自己找物业处理。"客户找到有偿收费电工，经电工检查后发现确实是电能表进线有问题。3 月 3 日，客户再次拨打"95598"报修，抢修人员李某再次到达现场后将电能表的进线重新接了一次，告诉客户电能表没问题了。3 月 5 日，客户第三次报修，抢修人员李某到现场后没有经过检查就告诉客户电能表没问题，客户马上将有偿收费电工找来，在该电工的指导下，抢修人员李某才将电能表的进线彻底处理好。客户对此表示不满，拨打"95598"热线进行投诉。

核查情况

经调查，客户反映情况属实。由于 3 次为用户抢修的都是同一位抢修人员李某，客户认为抢修人员技术水平不高，在抢修工作范围内还让客户自己找有偿电工处理，造成了客户不必要的经济支出。客户对此向供电公司进行了投诉，要求供电公司有关部门调查情况后给予解释，同时赔偿客户聘请有偿收费电工所支付的费用。

暴露问题

（1）抢修人员业务技能较低，服务意识淡薄，工作责任心不强。

（2）供电抢修队伍监管不完善，对抢修人员的培训工作重视不够，缺乏日常技能培训考核。

（3）对客户报修的闭环监管不到位，客户重复报修未引起注意，没有及时回访客户，最终导致客户投诉。

防范措施

（1）工作人员的专业素养需要加强，根据《国家电网有限公司供电服务标准》第二章

第四条第五款，熟知本岗位的业务知识和相关技能，岗位操作规范、熟练，具有合格的专业技术水平。

（2）要不断加强员工队伍的业务培训，提升每位员工的业务技能，不断强化服务理念，提供供电服务的综合实力。

【典型案例 4】该停电时未停电工作疏忽引不满

某供电公司检修计划中，安排对某乳品厂所在供电线路进行计划检修，时间安排为：3月 13 日 8：30 停电，16：30 送电，停电 8 小时。为此，该供电公司提前 7 天将停电计划以书面方式通知了某乳品厂。该厂接到停电通知后，重新调整了生产计划，并做好了停电准备工作。在距离计划检修停电还有 3 天时，该供电公司接到上级部门通知，由于系统原因，本次计划检修发生变更，计划检修时间向后延时 1 天，并要求属地供电所做好相应通知客户工作。该供电所立即安排布置，将停电事宜再次通知相关客户，但由于工作人员忙中出错，遗漏了通知乳品厂。3 月 13 日，乳品厂全厂放假休息。由于在通知停电的时间一直没有停电，乳品厂电话询问，工作人员才发现停电变更一事没有通知该客户。乳品厂对此非常不满，并向有关部门进行了投诉。

核查情况

经调查，客户反映情况属实。经公开发布的停电信息表明，计划停电时间为 3 月 13 日 8：30 停电，16：30 送电，停电 8 小时，未见停电信息变更的相关公告或者短信。属地供电所所长在 3 月 10 日安排员工杨某负责将停电事宜再次通知相关客户，但杨某因忙中出错，遗漏了通知乳品厂。

暴露问题

（1）部分工作人员责任心不强，工作不认真，造成计划检修停电遗漏通知客户现象的发生。

（2）停电通知客户的监管制度不严密，流程不完善，缺少审核监督环节，致使停电计划变更信息遗漏通知客户现象未被及时发现和纠正。

（3）生产部门检修计划编制不严密，临时变更计划停电时间导致无法做到提前 7 天通知客户。

防范措施

（1）提升服务人员服务意识和责任意识，完善停送电监管制度与工作流程，强化工作质量监督与考核。

（2）生产部门应加强计划检修监管，减少计划停送电时间的变更。

6.5 建设风险防范

6.5.1 施工现场方面

【风险点 1】施工安全风险点

临路施工未设置警示标识，未安排专人指挥交通，施工区域未设置围栏、围挡等，造成客户人员受伤或财产损失。

形成原因 1：未经相关安全培训上岗施工，安全意识、现场把控能力不足。

形成原因 2：施工人员现场勘察不到位，不能发现施工危险点，不能针对性提出相关控制措施。

形成原因 3：项目管理单位、现场人员安全监督不到位。

政策依据

《国家电网有限公司电力安全工作规程第 8 部分：配电部分》6.5.12 城区、人口密集区或交通道口和通行道路上施工时，工作场所周围应装设遮栏（围栏），并在相应部位装设警告标志牌。必要时，派人看管。

防范措施

（1）施工单位人员应经安全培训并考试合格后方可进场作业。

（2）施工单位接到任务后，应认真开展现场勘察，编制合理的施工方案并逐级审批，施工过程中，高度重视客户安全，将文明施工风险辨识和防控纳入工程开工准备和竣工验收，加强施工过程的文明施工管理，将文明施工和安全、质量、进度要求同安排、同布置，严格按照施工方案开展施工。

（3）项目管理单位加强施工过程安全管控，及时制止现场可能伤害客户的违章行为。

【风险点 2】施工废弃物清理风险点

施工人员随地丢弃各类废弃物，施工车辆沾带泥土，施工结束后未清理，影响环境、市容。

形成原因 1：施工人员未经相关文明施工培训上岗，文明施工意识淡薄。

形成原因 2：项目管理单位在施工过程管理、竣工验收等环节管控不到位。

政策依据

《城市建筑垃圾管理规定》第十二条施工单位应当及时清运工程施工过程中产生的建筑垃圾，并按照城市人民政府市容环境卫生主管部门的规定处置，防止污染环境。

防范措施

（1）电力施工要严格执行"垃圾不落地"工作要求，随车携带废弃物回收装置，各类废弃物及时清理，做到"工完、料净、场地清"。施工车辆要及时清扫泥浆及车辆沾带的泥土，保证市容及周边环境干净，土方、渣土和施工垃圾运输应采用密闭式运输车辆。

（2）项目管理单位加强施工过程管控，验收、送电阶段，对现场垃圾清理情况同步验收，并要求整改到位。

【风险点 3】施工现场恢复风险点

施工结束后，线杆拆除残存钢筋、线杆裸露在路面上，路面恢复坑洼较多，造成客户受伤。

形成原因 1：施工人员未经相关质量培训上岗，施工质量不高。

形成原因 2：项目管理单位施工过程管控及竣工验收不到位。

政策依据

《城市道路管理条例》第三十五条经批准挖掘城市道路的，应当在施工现场设置明显标志和安全防围设施；竣工后，应当及时清理现场，通知市政工程行政主管部门检查验收。

防范措施

（1）电力施工要按照施工拆旧计划，做到应拆尽拆，旧杆等拆除物需运离现场，按要求回收或报废处置。施工结束后，路面恢复至原设计标准，与周边环境相融合。拆旧部分若位于农田内，由于庄稼等原因暂时无法开展线杆、导线拆除工作的，要向田地产权方做好解释与承诺，确认计划拆除时间，留下联系方式，具备条件后及时完成拆旧工作。

（2）项目管理单位要加强竣工验收管理，确保现场拆除、恢复等工作执行到位。

【风险点 4】施工噪声风险点

夜间或午休时段施工人员及机械噪声过大，严重影响客户休息。

形成原因 1：项目单位施工组织不到位，施工时间安排不合理。

形成原因 2：施工单位文明施工意识淡薄，未采取噪声控制相关措施，或人员执行不到位。

政策依据

《中华人民共和国噪声污染防治法》第四十一条在噪声敏感建筑物集中区域施工作业，应当优先使用低噪声施工工艺和设备。第四十三条在噪声敏感建筑物集中区域，禁止夜间进行产生噪声的建筑施工作业，但抢修、抢险施工作业，因生产工艺要求或者其他特殊需要必须连续施工作业的除外，在施工现场显著位置公示或者以其他方式公告附近居民。第八十八条中指出夜间是指晚上十点至次日早晨六点之间的期间，设区的市级以上人民政府可以另行规定本行政区域夜间的起止时间，夜间时段长度为八小时。

防范措施

（1）电力施工应充分考虑噪声控制，大型机械类施工要尽量避免在夜间居民集中区域实施。

（2）必须在客户休息时段施工时，施工人员要控制人员话语音量，运输材料的车辆严禁鸣笛，装卸材料轻拿轻放，尽可能避免噪声扰民。

【风险点 5】施工损坏公共资产风险点

施工造成通信线、水管、暖气管等受损，影响居民生活。

形成原因 1：设计单位勘察、交底或施工单位现场勘察不到位，未能发现施工潜在隐患。

形成原因 2：施工单位进场前未与相关单位对接，野蛮施工。

政策依据

《国家电网有限公司供电服务标准》5.4.6.4 如在工作中损坏了客户原有设施，应恢复原状或等价赔偿。

防范措施

（1）开展施工前，项目管理单位应组织现场勘察，根据现场情况识别风险点，发现施工可能对供水、供暖、供气、通信等产生的影响，需供水、通信等单位配合时，施工前务必与相关单位有效沟通，取得同意，可能造成损坏的，需明确恢复方案。

（2）施工前公告施工信息，可能造成水、气、暖等短时配合停运的，供电所人员（客户经理）做好施工告知工作，告知客户施工内容、公司联系人及联系方式，同步告知水、气、暖等配合施工单位及联系人。

6.5.2　施工现场案例

【典型案例 1】安全管控不到位，发生违章两行泪

客户通过"12345"热线反映，某电力施工队于晚高峰期间在小区内临路开展挖坑立杆施工，由于道路狭窄，吊车占据道路，造成道路严重拥堵，某客户车辆路过施工作业区域，恰逢吊车吊臂旋转，造成客户车辆受损，客户对该施工队施工组织严重不满，报警并拨打"12345"。夜间该小区客户再次向"12345"热线反馈，该电力施工队在小区内有 8 处线杆坑开挖后未回填，未开展后续作业，现场无围挡，客户夜间回家由于光线过暗，不慎摔落，受伤严重，气愤不已。

核查情况

经核查，该施工队人员未经《国家电网有限公司电力安全工作规程》（安规）考试合格便开展施工作业，在施工前未上报作业计划，未告知业主及监理人员，施工地点道路狭窄，施工车辆占据较多道路范围，现场无警示、提示标识。施工时间为晚高峰期间，施工单位人员忙于施工作业，无人指挥交通，晚高峰车辆较多，行进缓慢。施工现场无围栏，某客户驾车路过施工区域内，与作业吊车发生剐蹭，客户停车与施工人员理论，造成施工现场车辆大量拥堵。施工单位离开时，有 8 处杆坑未回填，未设置围挡、围栏，未张贴施工信息，未悬挂警示牌、警示灯，造成客户夜间回家不慎掉入坑内受伤。

暴露问题

（1）施工单位人员资质存在问题，未经考试合格便开展施工。

（2）项目单位工程管理方面未能做到"四个管住"❶，未发现施工单位无计划作业，未能指出施工方案存在问题，未开展现场施工监督。

（3）施工单位现场施工管理混乱，安全意识淡薄，未考虑现场临路施工、道路狭窄、人口密集等现场实际编制施工方案，方案中相关措施落实不到位。

防范措施

（1）加强施工人员管控，及时清除未经考试合格便进场施工的作业人员。

（2）项目管理单位应针对人员资质审查、施工计划、施工方案、现场作业监督等方面严格施工过程管控。

---

❶ "四个管住"：管住计划，管住队伍，管住人员，管住现场。

（3）施工单位应开展详细现场勘察，施工过程中应高度重视客户安全，如在道路边施工或跨路施工时，应避开车流量高峰时段，施工现场应设置警示牌、围栏，安排专人监护，疏导行人、车辆，尽量缩短阻挡道路时长，减少对客户生活和出行产生的影响，杜绝交通安全隐患。基坑开挖施工阶段，暂停施工时，要采用硬质围挡有效封闭，夜间还应设红灯示警，避免过路行人落入基坑中受伤，围挡上要张贴相关施工信息、包含但不限于工程概况、恢复时间、联系人及联系方式等。

【典型案例2】施工垃圾丢满地，客户不满咱丢理

接"12345"热线联系，某小区客户反馈有施工单位于昨日在小区内装设变压器，施工过程中将废旧线头、包装袋等直接随地丢弃，施工结束后未清理垃圾便离开。

核查情况

现场核查该小区开展民生工程新建变压器施工，施工人员未携带垃圾桶或其他垃圾回收装置，施工中线头、线皮随意丢弃在单元楼门口，现场凌乱不堪。17：00新建变压器送电正常后，施工人员收拾施工工器具直接离开施工现场，未对现场施工垃圾进行清理，小区物业人员看到后无法联系到当日施工人员，便拨打"12345"热线反馈该问题。

暴露问题

（1）施工人员文明施工意识淡薄，未考虑施工垃圾清理，重施工轻收工。

（2）项目管理单位施工管控、验收不到位，未要求施工单位对现场施工垃圾进行清理。

防范措施

（1）将施工废弃物未清理情况纳入施工单位评价，按合同进行考核，提升参建队伍重视程度。

（2）项目单位严格落实过程监管、竣工验收管理责任，检查施工单位施工中废弃物处置情况，验收阶段对废弃物清理情况同步验收。

【典型案例3】施工恢复质量低，投诉处罚不可惜

接"12345"热线联系，有市民晚上下班后在市内某路段骑车夜行回家途中摔伤，原因为线杆拆除残留部分裸露于地面，造成电动车骑行中翻倒，从现场痕迹来看应为施工时间不久，客户家属拨打"12345"希望查找施工单位并获得赔偿。

核查情况

该市民反映线杆残留部分为某供电公司东环线电力线路拆除部分，昨日委托施工单位对该线路停电拆除，施工单位利用电动工具对线杆根部进行切割，拆除线杆，切割后仍有约4厘米线杆及钢筋裸露于路面，工作人员利用大锤简单敲击后便收工离开，未彻底清除线杆残留部分，突出路面部分造成客户摔伤。

暴露问题

（1）施工人员质量意识淡薄，施工拆旧及恢复工作存在敷衍了事的情况，不重视现场恢复工作，造成客户受伤。

（2）项目管理单位未开展有效竣工验收，未要求施工单位及时整改。

防范措施

（1）将施工现场恢复情况纳入施工单位评价，按照合同进行考核，提升参建队伍重视程度。

（2）项目单位严格落实过程监管、竣工验收管理责任，检查施工单位现场拆旧、恢复情况，对施工质量管控到位。

【典型案例 4】施工噪声动静大，时间不对影响大

接"12345"热线联系，多名市民反馈所居住的居民区楼下夜间有人施工，吊车噪声及施工人员声音很大，市民向施工人员反馈噪声过大，影响孩子休息，施工人员表示须按停电计划继续施工，否则将无法完成建设任务。

核查情况

现场核实为多名市民反映的施工地点为同一住宅区、同一施工作业，该小区入住率较高，施工队认为夜间施工较为凉爽，凌晨 2 点开展夜间停电施工，工作任务为电力环网箱更换，现场需吊车吊装更换环网柜，开展吊装施工需有指挥人员指挥吊车施工，由于吊车本身机械噪声较大，指挥人员未使用对讲机，指挥声音也较大，严重影响了客户睡眠。

暴露问题

（1）项目实施时间不合理，大型机械施工噪声较大，不宜在夜间人口密集区开展。

（2）施工人员文明施工意识淡薄，不顾及客户感受，现场沟通声音过大。

防范措施

（1）电力施工应充分考虑噪声控制，大型机械类施工要尽量避免夜间在居民集中区域实施。

（2）施工人员要考虑客户休息，控制沟通声音，运输材料的车辆严禁鸣笛，装卸材料轻拿轻放，尽可能避免噪声扰民。

【典型案例 5】网线通信需求大，施工损坏不轻罚

客户看到村内有电力施工，施工任务为更换线杆、电线，施工结束送电后，客户发现家中 Wi-Fi 无法连接网络，出门询问邻居，多名邻居告知线路送电后，家中网络均无法连接，客户拨打通信公司电话反映。通信公司人员经现场检查为电力施工造成网线受损，便拨打"95598"反映该问题，同时告知在场客户电力施工未提前联系、沟通，造成网线损坏。

核查情况

现场核实为电力施工队在村内进行低压改造，村内部分网线存在搭挂于电力线杆上的情况，设计人员现场交底时未提及该风险，施工人员现场勘察后，同样未意识到该风险，实施前未告知通信公司，强行野蛮施工，施工中直接将搭挂网线解开，更换线杆，之后未对网线进行固定，造成部分网线断裂，严重影响区域网络运行。

暴露问题

（1）设计人员、施工人员现场辨别风险能力不足，未能提前预判施工对网线的影响。

（2）施工人员文明施工意识淡薄，未提前开展告知、对接工作，不顾及后果，野蛮施工。

防范措施

（1）开展施工前，应进行详细有效现场勘察，根据现场情况，识别施工可能对供水、供暖、供气、通信等产生的影响，需供水、通信等单位配合时，施工前务必与相关单位有效沟通，取得同意。

（2）施工前张贴施工信息，供电所人员（客户经理）做好施工告知，告知客户施工内容、公司联系人及联系方式、网线迁移施工单位及联系人。

6.5.3 施工人员行为风险

【风险点 1】人员态度言语风险点

客户询问施工相关情况，施工人员态度冷漠，使用不文明用语，造成客户严重不满。

形成原因 1：工作人员工作纪律性差，服务意识欠缺，没有做到真心实意为客户着想，言行随意。

形成原因 2：施工人员未经文明施工培训，沟通技巧欠缺。

政策依据

《国家电网有限公司供电服务标准》7.1.2 真心实意为客户着想，尽量满足客户的合理用电诉求。对客户的咨询等诉求不推诿，不拒绝，不搪塞，及时、耐心、准确地给予解答。用心为客户服务，主动提供更省心、更省时、更省钱的解决方案。

防范措施

（1）任何施工人员应接受文明施工培训后方可上岗工作。

（2）施工现场可指定专人负责对外联络工作，回应客户时应主动、热情、用心，

【风险点 2】搭车收费风险点

电力行业人员通过电网改造向客户收取费用，严重破坏公司形象。

形成原因 1：管理机制缺失，对员工的服务行为监督不力，给企业公平、公信的形象造成严重影响。

形成原因 2：施工人员红线意识淡薄，规章制度执行不严，服务规范、工作标准执行不到位。

政策依据

《国家电网有限公司员工服务"十个不准"》第二条不准违反政府部门批准的收费项目和标准向客户收费。

防范措施

从事电力施工、运维、营销等人员要严厉杜绝违规收取费用、吃拿卡要，加强廉政管理，维护供电企业形象，供电企业制定相关措施对经济问题提出严肃处罚。

6.5.4 施工人员行为案例

【典型案例1】态度蛮横毁形象，产生投诉不原谅

客户反映之前接短信通知，当日8：00—18：00小区内电力改造需停电，19：00，由于家中尚未来电无法做饭，便出门询问电力施工人员何时可来电，现场施工人员回复语气阴阳怪气，且存在不文明用语，造成客户极度愤怒，双方发生言语冲突后，客户回家便拨打"95598"反映施工人员相关问题，希望有关单位严肃处理。

核查情况

该小区停电改造施工，停电公告时间为8：00—18：00，由于当日施工组织不力，造成工程停电延期，给客户正常生活造成不便。客户19：00回到家发现家中仍未来电，便出门咨询现场施工人员，施工人员因施工时间滞后，心生不满，无处发泄，便对客户说"我就是个干活的，你爱问谁问谁去，别在这给我们瞎添麻烦，赶紧离我们远点。"客户听到后十分愤怒，与施工人员发生争执，经多人劝解，才将双方劝开，客户反映该作业人员满身酒味，态度特别差，严重影响客户情绪。

暴露问题

（1）施工人员对于客户疑问无法准确答复，答复言语不耐烦、不文明，严重缺乏优质服务意识。

（2）施工人员酒后上岗。

防范措施

（1）施工现场应指定专人负责对外沟通工作。施工人员应接受文明施工培训后方可上岗工作，现场作业接到客户询问要做到文明礼貌、首问负责，耐心细致、热情和蔼地解释客户提出的问题，做到有问必答、有诺必兑，严厉杜绝不文明用语、态度冷漠，更要杜绝与客户发生肢体冲突。

（2）所有电力从业人员严禁工作期间饮酒或酒后上岗，加强施工人员安全文明施工培训，坚决杜绝"红线"问题。

【典型案例2】搭车收费是红线，通报处罚来相见

接"95598"客户举报，电力施工队在村内进行施工，客户向施工人员询问自家表箱破损严重，存在安全隐患，能否更换，施工人员说客户所在区域不在本次改造范围内，需出资更换，客户便支付100元更换表箱。之后客户与邻居了解，表箱属供电公司资产，破损、存在安全隐患应由供电企业出资更换，不应由个人承担，收费更换表箱属违规收费，客户拨打"95598"举报该施工队行为。

核查情况

该村内进行的农网升级改造任务包含新建高、低压线路及变压器改造等，不含表箱改造，客户看自己表箱已严重破损，希望更换，咨询施工队，如果想更换表箱可支付200元后单独更换，经过协商，客户支付100元后施工队更换了表箱。后经邻居解释，客户了解到表箱属供电公司资产，破损存在安全隐患，应由供电企业出资更换，施工人员通过更换表箱收取费用行为属于违规。

暴露问题

（1）施工人员红线意识淡薄，追逐利益，存在经济问题。

（2）辖区内客户经理或电工运维、宣传不到位，未对坏表箱及时排查、更换，未能将公司相关政策宣传到位。

防范措施

（1）从事电力施工、运维、营销等人员要严厉杜绝违规收取费用、吃拿卡要，加强廉政管理，维护供电企业形象，供电企业制定相关措施对相关经济问题提出严肃处理方案。

（2）加强表箱及其他设备运维，发现隐患及时消缺，将公司相关政策广泛宣传。

6.5.5　设备安全距离风险

新建电力线路、设备位置不合理，安全距离不足，存在隐患或影响客户生活；线路设备建设在前，客户原因对原有线路、设备合理位置不满意，要求迁移。

形成原因1：配网工程设计方案不合理，或施工单位未按图施工，造成线路设备安全距离不足。

形成原因2：项目管理单位施工过程管控及竣工验收履职不到位。

形成原因3：客户由于建房、植树等个人原因，要求迁移位置合理的线路、设备。

政策依据

《架空绝缘配电线路设计标准》（GB 51302—2018）中13.0.4架空绝缘配电线路不应跨越屋顶为易燃材料做成的建筑，对非易燃屋顶的建筑，如需跨越，在最大计算弧垂情况下，架空绝缘导线与该建筑物、构筑物的垂直距离不应小于3米。13.0.5架空绝缘配电线路与邻近建筑间的最小距离应符合下列规定：1～10千伏小于1.5米，1千伏及以下不小于1米。

《供电营业规则》第五十条因建设引起建筑物、构筑物与供电设施相互妨碍，需要迁移供电设施或采取防护措施时，应按建设先后的原则，确定其担负的责任。如供电设施建设在先，建筑物、构筑物建设在后，由后续建设单位负担供电设施迁移、防护所需的费用；如建筑物、构筑物的建设在先，供电设施建设在后，由供电设施建设单位负担建筑物、构筑物的迁移所需的费用；不能确定建设的先后者，由双方协商解决。

防范措施

（1）电力施工要检查是否存在设备位置不合理、安全距离不足等突出问题，严格执行《高压配电装置设计技术规程》中安全距离要求。

（2）项目管理单位要严格落实监管职责，严格履行工程过程管控及验收职责。

（3）属地或设备管理人员应加强用电政策宣传，对"电力设备、线路建设在前，位置合理，客户建房等需求在后，需迁移公司设备"的情况，要细致耐心讲解国家政策要求，若无法沟通到位，可进行重要服务事项报备，或通过正规法律途径解决。

6.5.6 设备安全距离典型案例

【典型案例】设备位置不合理，安全隐患埋祸端

客户向供电所反映，出差回家后，自家房后新建了线路、变压器，新建变压器与客户房屋窗户距离过近，影响客户窗户开合，目测不足 30 厘米，客户认为存在严重安全隐患，要求迁移。同时客户表示家门前存在线杆，认为不安全，要求迁移。

核查情况

现场核查发现，供电企业在村内进行农网升级改造，施工单位认为新建变压器所在位置为公共用地，便未按照设计图纸施工，未考虑客户感受，现场变压器不仅对客户房屋采光、窗户开合造成严重影响，且距离客户窗户仅为 22 厘米，存在严重安全隐患。项目实施完成后，业主单位未到现场开展工程竣工验收，工程管控过程严重缺失，竣工后便联系送电，造成工程"带病投产"。客户门前线杆为低压线杆，于 10 年前建成投产，距客户房屋约 5 米，符合相关安全要求，经工作人员耐心细致解释，客户不再要求迁移。

暴露问题

（1）施工单位安全、风险意识淡薄，且未严格按照施工图纸进行施工。

（2）项目单位未落实工程管理职责，未开展工程过程管控，未履行验收等相关职责。

防范措施

（1）电力施工要执行规划导则、行业标准，优化设计方案，实施前充分征求群众意见，考虑当地风土民情、环境保护要求，检查是否存在设备位置不合理、安全距离不足等突出问题，确保设备安装位置合理、安全距离满足《高压配电装置设计技术规程》要求，不影响居民日常生产生活。

（2）项目管理单位要严格落实监管职责，结合工程进展适时开展现场验收，发现问题后要求施工单位及时整改，确保工程依法合规、安全可靠。

6.5.7 施工赔偿风险

施工单位在施工过程中造成客户经济、财产损失，如施工占用客户耕地、损伤客户农田或造成客户其他物品、财产损坏，施工后未联系客户进行赔偿，或赔偿意见不一致。

形成原因 1：施工单位损坏客户资产后，存在侥幸心理，妄图逃脱赔偿。

形成原因 2：施工单位进场施工前未与农田果树等产权方沟通，或在未取得同意的情况下强行进场施工。

形成原因 3：客户索要赔偿价格过高，双方无法达成一致。

政策依据

（1）《国家电网有限公司供电服务标准》5.4.6.4 如在工作中损坏了客户原有设施，应恢复原状或等价赔偿。

（2）《中华人民共和国民法典》第一千一百八十四条侵害他人财产的，财产损失按照损失发生时的市场价格或者其他合理方式计算。第一千一百八十七条损害发生后，当事人可

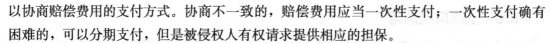

以协商赔偿费用的支付方式。协商不一致的，赔偿费用应当一次性支付；一次性支付确有困难的，可以分期支付，但是被侵权人有权请求提供相应的担保。

防范措施

（1）施工单位进场施工前，应完成外部环境协调，收集客户诉求，损坏客户农作物、树木等财产时，应与产权方协商赔偿事宜，逐一签订赔偿协议，按照协议要求时限，及时赔偿支付到位。赔偿金额可结合当地政府征地青苗补偿金额。对于供电企业确已按相关规定答复处理，但赔偿金额未与客户达成共识，或客户诉求超出国家有关规定的，请当地政府相关部门参与协调处理。

（2）施工过程中造成客户资产损坏，应安排专人第一时间与客户沟通确定赔偿方案，并尽快完成赔偿，取得客户理解，沟通、赔偿过程中留好影音、视频资料。因客户不在家，暂时无法见到客户的应安排专人尽力与客户取得联系，通过电话沟通赔偿方案并录音，约定时间完成赔偿。对于暂时不能达成赔偿协议的客户，应研判服务风险，可开展重要服务事项报备工作。

6.5.8 施工赔偿风险典型案例

【典型案例】损坏资产你别跑，赔偿道歉少不了

接"12398"投诉，客户反映有人在自家田地开展新建电力线路施工，相关人员在未提前告知的情况下将施工车辆驶入客户麦田，压坏了客户麦子，架线施工结束后便离开现场，给客户造成损失，客户通过供电所联系施工单位人员，协商好赔偿金额和时限，但施工单位并未兑现。

核查情况

供电公司新建线路，途经客户麦地，由于田间道路狭窄，施工单位在未告知客户的情况下将车辆直接驶过客户田地，压坏了客户的麦子，施工结束后直接离开，未告知客户麦田受损情况，未沟通赔偿相关事宜。客户到现场发现麦田受损，与施工单位取得联系并协商，施工单位因工作效率低下，迟迟未完成赔偿支付。

暴露问题

（1）施工单位人员文明施工意识淡薄，施工损坏客户资产后未与客户对接赔偿事宜，漠视群众利益。

（2）施工单位缺乏敏感意识，对客户合理诉求不重视，承诺未兑现，怠慢客户。

防范措施

（1）施工过程中造成客户资产损坏，应安排专人第一时间与客户沟通确定赔偿方案，签订协议，取得客户理解，沟通、赔偿过程中留好影音视频资料。因客户不在家，暂时无法见到客户的应安排专人尽力与客户取得联系，通过电话沟通赔偿方案并录音，约定时间完成赔偿。

（2）确认赔偿方案后，应及时完成赔偿，防止服务事件升级，暂时不能达成赔偿协议的客户，应研判服务风险，按需开展重要服务事项报备工作。

6.6 法律风险防范

法律风险包括供用电合同管控法律风险、营业业扩管控法律风险、现场检查工作法律风险、依法停限电业务法律风险、电能计量业务法律风险等。

6.6.1 供用电合同管控法律风险

【风险点 1】合同有效性存在问题的法律风险

在合同订立环节，因合同签订主体不合法、合同有效性存在争议或合同条款不符合规定等原因，导致合同不具备法律效力，从而在事故发生后会引起法律风险。

形成原因 1：合同签订主体不合法。不具有独立承担民事责任资格的公司内设部门、筹建处或是政府的所属部门直接作为用电方主体，申请签订供用电合同。

形成原因 2：合同的有效性存在问题。委托人签字未附授权委托书（或使用虚假伪造的授权委托书），无签约日期或实际签订合同时间与合同中的时间不一致，未盖骑缝章，合同超期且未约定有客户经理签订供用电合同时，未认真核对合同主体，造成签订的供用电合同无效，电费回收存在困难。

形成原因 3：合同条款不符合规定。未使用公司统一的供用电合同参考文本，随意改动合同关键条款内容、供用电合同附件不完整（如调度协议、自备电源安全协议、线路委托运行协议、维护责任分界点示意图、电费结算协议等）、合同条款与实际不符等。

政策依据

(1)《国家电网有限公司供用电合同管理细则》［国网（营销/4）393—2014］第二十一条供用电合同签订前应详细了解对方的主体资格、资信情况、履约能力。对方资信情况不明的，应要求提供有效担保，并对担保人主体资格进行审查，确定担保范围、责任期限、担保方式等内容。

(2)《国家电网有限公司关于进一步规范公用电合同管理工作的通知》［国家电网营〔2016〕835 号］高度重视供用电合同管理工作。市场化条件下，供用电合同是明确供用电双方权利义务的重要法律文件。各单位务必要高度重视合同签订、审核、履行、变更等工作，在保障双方合法权益的同时，有效提升公司依法治企水平。

(3)《国家电网有限公司供用电合同管理细则》［国网（营销/4）393—2014］第二十条供用电合同的起草严格按照统一合同文本的条款格式进行。如需变更，应在"特别约定"条款中进行约定。

防范措施

(1) 根据《国家电网有限公司供用电合同管理细则》的相关规定，严格把关合同质量，确保合同真实、具有法律效力。

(2) 建立重要客户的供用电合同评审制度，组织协同会签部门及专业参与评审。

(3) 如需变更或补充供用电合同的，需由企业法律的主管部门进行风险评估及审核。

(4) 加强供用电合同签约人员培训，实行合同专人管理，定期归档。

【风险点 2】合同产权归属与运行维护责任不明确的法律风险

电力设施的产权归属及运行维护是依据《中华人民共和国电力法》等相关法规及制度执行的，当供电系统发生设备损坏或人身安全事故时，可能引起客户的追责，责任划分不清会引发投诉索赔风险。

形成原因 1：产权分界不清晰。供用电合同中没有明确双方的产权分界，或产权分界表述不清、图与文字描述不符；住宅小区基础电气配套设施等由开发商或客户建成后，没有办理移交而由供电公司管理等原因使得产权所有人与实际运行管理人不一致，或产权实际所有人不明晰；业扩配套投资界面延伸后合同产权分界点未按实际约定。

形成原因 2：运维责任不清晰。委托运行设备未签订代维运行协议；客户供电线路由不同主体共同投资，或与其他客户 T 接使用，或由政府出资建设，安全运行维护责任不清。

政策依据

(1)《国家电网有限公司关于印发 2019 年营销安全工作要点的通知》[国家电网营销〔2019〕52 号]第二项第二款第一条严格依法规范供用电合同管理。严格供用电合同签订，明晰供用电双方权利义务，防范安全责任法律风险。加强供用电合同审核，会同本单位法律部门及专业人员，严格审核供电方式、自备应急电源、产权分界点及责任划分、电能质量、违约责任等重要条款内容，确保供用电双方的法律责任充分体现。

(2)《供电营业规则》第四十七条供电设施的运行维护管理范围，按产权归属确定。

【风险点 3】供用电合同执行异常的法律风险

在合同执行过程中，因工作人员工作疏忽导致合同未在规定时间内生效，致使合同不产生有效的法律效力，在供电系统发生设备损坏或人身安全事故时，可能引起客户的追责，责任划分不清会引发投诉索赔风险。

形成原因 1：合同签订执行异常。未与客户签订供用电合同，或供用电合同已签订但必要的附件不完整（如调度协议、自备应急电源使用协议、产权分界点示意图、电费结算协议等）；供用电合同逾期未进行续签。

形成原因 2：合同的变更不符合规定。合同履行过程中可能由于客观条件的变化，使得合同内容发生变更，如果不及时发现并书面变更合同内容，则可能因此产生产权分界点不清、供电设备维护管理责任不清、收费难等诸多问题。

形成原因 3：合同的终止不符合规定。一是当出现供用电合同约定的解除情况时，双方可以依据约定解除合同。二是经双方协商一致，可随时解除合同。三是供用电合同到期，双方不再续约，并符合法律相关规定，合同自动终止。

政策依据

(1)《国家电网有限公司供用电合同管理细则》[国网（营销/4）393—2014]第二十五条供用电合同在具备合同约定条件和达到合同约定时间后生效。

(2)《国家电网有限公司供用电合同管理细则》[国网（营销/4）393—2014]第二十六条书面供用电合同期限为高压用户不超过 5 年；低压用户不超过 10 年；临时用户不超过 3

年；托转供电用户不超过 4 年。

防范措施

（1）坚持先签订供用电合同，再依约送电的原则，杜绝先送电后签订合同现象，降低供电公司的法律风险；对于确实无法先签订正式供用电合同而有供电必要的，可以采取草签合同，对产权分界、供电设备维护管理责任、电费交纳方式、正式合同的签订时间、草签合同的有效期限等重大事项进行约定等措施，使用电方尽快与供电公司签订正式供用电合同。

（2）当供用电合同约定的内容发生变化，或合同即将逾期，供电人应当及时发现并变更合同内容，严格按照合同管理规定及时续签或重签。

（3）合同终止后，用户申请销户的，供电企业应以办理；若用户不申请的，供电企业也可以单方面销户，但需具备以下情形之一：用户连续 6 个月不用电，也不申请办理暂停用电手续的，供电企业应当予以销户，终止其用电；用户依法破产的，供电企业应当给予销户，终止供电；因用户原因连续 6 个月不能如期抄到计费电能表读数时，供电企业应当通知该用户终止供电。

6.6.2　供用电合同管控法律风险典型案例

【典型案例 1】客户主体不核实，侵害利益难维权

某供电公司与某一高压用户户名为 A 贸易公司，供用电合同签订方为该公司下属单位 B 贸易公司，因 B 贸易公司资金存在困难，电费不能及时交纳，B 贸易公司提出合同签订方不一致，不肯交纳电费。

核查情况

客户经理签订供用电合同时，未认真核对合同主体，造成签订的供用电合同无效，电费回收存在困难。

暴露问题

（1）客户经理签订供用电合同时，未认真核对合同主体。未核实用户是否具有相应的民事权利能力与民事行为能力。

（2）客户经理未核实该客户是否具备履约能力。

防范措施

（1）用电方与供电方签订合同前，供电公司必须对其进行严格的主体资格审查。

（2）供电方客户经理需要对用户的办电资料进行审核，确保客户具备条件。

【典型案例 2】合同信息不精准，法律风险需承担

某一高压用户户名为某贸易公司，供用电合同条款合同产权分界点实际为客户进线电缆与上级开关站出线间隔搭接处，实际现场为客户进线电缆与高配间隔搭接处，合同签订产权分界点为客户进线电缆与高配间隔搭接处，合同与现场不一致，某一天因进线电缆故障，停电造成客户损失，客户以供用电合同规定进线产权为供电公司，要求供电公司赔偿损失。

核查情况

现场核查情况属实。因勘察人员现场勘察描述不清楚，与合同编制人员未进行充分沟通，导致合同拟定的产权分界及现场实际产权分界点不一致。

暴露问题

（1）工作人员未按规定开展现场勘察，合同与现场约定内容不符。

（2）客户经理现场未与客户明确产权分界归属，工作流程不规范，缺乏合同的监督与审核。

防范措施

（1）严格依法规范供用电合同管理。

（2）严格供用电合同签订，明晰供用电双方权利义务，防范安全责任法律风险。

（3）加强供用电合同审核，会同本单位法律部门及专业人员，确保供用电双方的法律责任充分体现。

【典型案例 3】合同管控不严谨，诉讼责任难上难

某公司为临时用电客户，合同于 2020 年 3 月 13 日到期，营销业务应用系统显示为未续签状态，且现场已经连续超过 6 个月零电量，未续签或终止供用电合同。供电公司稽查人员按照公司相关条例对该客户进行电量电费追补，并要求该客户交纳相关违约金。用户以因供电公司管理疏忽未与供电公司签署合同为由，称不承担相关法律责任，并拒绝交纳费用。经双方协调无果后，执行诉讼程序。

核查情况

（1）未与客户签订供用电合同，或供用电合同已签订但必要的附件不完整（如调度协议、自备应急电源使用协议、产权分界点示意图、电费结算协议等）。

（2）供用电合同逾期未进行续签。

暴露问题

供用电合同管理不到位，逾期合同未及时续签或终止，产生供电设备维护管理责任不清、电费回收风险、合法的权利得不到主张等法律风险。

防范措施

优化供用电合同管理流程，定期开展特殊客户档案及合同的核查，按规定开展合同修订及签订，确保合同具备法律效力，避免公司造成经济损失及品牌影响。

6.6.3　营业业扩管控法律风险

【风险点 1】审核客户提交资料时的法律风险

客户提交资料的审核是避免很多法律风险的前提，当客户资料的审核不严格，客户资料不准确、资料缺失、信息泄露时，产生安全生产等问题纠纷，会导致多种法律风险。

形成原因 1：人员业务不精。工作人员对合同及资料把关不严格导致存在合同不具备法律保护的情况。

形成原因 2：信息来源不当。信息收集手段不当、存在违法的风险。

形成原因 3：信息泄露隐患。泄露客户个人信息秘密的风险。

形成原因 4：用户资料缺失。导致败诉的法律风险。

政策依据

《国家电网有限公司电力客户档案管理规定》［国网（营销/3）382—2014］第十七条客户纸质资料记录与营销业务应用系统和客户现场信息相一致。第十八条客户资料归档前，业务办理人员应对资料和数据的完整性、有效性进行检查。检查无误后，将纸质文档扫描上传，并移交档案管理人员归档。第十九条客户资料存档后，如需补充完善有关内容，应报专业管理部门批准，将补充完善后的资料与原档案一并保存，并将修改内容、修改时间、修改人等信息登记备查。

防范措施

（1）审核资料原件，核对原件无误后，应将客户提供的原件扫描作为电子档案上传系统，证件类型资料原件退回客户，只收取复印件作为存档资料，加盖印章的证明文书尽量留存原件。

（2）要求客户确认提供的资料与原件相符，对于企业客户，要求企业客户提交供电企业保存的复印资料必须加盖客户单位印章。对于自然人客户，要求客户提交供电企业保存的复印资料必须有客户的签字。

（3）审核授权委托书，非由客户亲自办理或单位法人办理用电报装的，应对经办人出具授权委托书。审核客户的身份证明资料，根据法律规定，只有年满 18 周岁以上的公民，具有完全民事行为能力，因此签订供用电合同的客户和经办人必须是具有民事行为能力的人。另外，年满 16 周岁以上不满 18 周岁的自然人，能够以自己的劳动获得收入，并能维持当地群众一般生活水平的，也可以认定为以自己的劳动收入为主要生活来源的完全民事行为能力人。

（4）审核用电地址的权属证明材料，客户必须提交其所申请用电地址的权属证明材料，避免出现同一地址多次重复提交用电申请的情况发生，避免甚至可能引起侵权责任纠纷。

（5）加强业扩档案的管理流程及考核。

【风险点 2】用电报装程序中的法律风险

用电报装的程序主要包括：用电申请、确定供电方案、设计资质、图纸审查。施工企业资质审查、工程中间查验、工程竣工检验、签订供用电合同、装表送电。在整个过程中以下方面存在法律相关风险：如果不注意时间顺序，随意拖延供电方案审批；在施工建设中途随意更改供电方案审批、审查意见；内容约定不明确，导致出现纠纷发生时无依据可查的情况；未向客户告知相关权益，当引起法律诉讼时，不易取证。

形成原因 1：业扩流程时间未按规定执行。未按照业扩流程程序开展业务内容，导致客户无法正常用电，利益受损，易产生法律风险。

形成原因 2：供电方案制定不合理。未按要求确定方案，导致客户利益受损，易产生法律风险。

形成原因 3：受电工程存在"三指定"。在受理过程中存在为客户指定设计、施工和供货单位。客户的利益受损，易产生法律风险。

形成原因 4：装表接电过程中不规范。装表接电过程中可能存在客户提供的配电房、电表房与合同中约定的条件不符，甚至客户提供的配电房被出售、权利人要求支付配电房租金的情况增加了法律纠纷的风险。

形成原因 5：受电工程竣工验收时不规范。供电企业未对受电工程进行规范验收，出现设备故障或重大事故时，增加了法律纠纷的风险。

政策依据

（1）《供电营业规则》第十七条供电企业的用电营业机构统一归口办理用户的用电申请和报装接电工作，包括用电申请书的发放及审核、供电条件勘查、供电方案确定及批复、有关费用收取、受电工程设计的审核、施工中间检查、竣工检验、供用电合同（协议）签约、装表接电等项业务。

（2）《供电营业规则》第十九条供电企业对已受理的用电申请，应尽速确定供电方案，在下列期限内正式书面通知用户：居民用户最长不超过五天；低压电力用户最长不超过十天；高压单电源用户最长不超过一个月；高压双电源用户最长不超过二个月。若不能如期确定供电方案时，供电企业应向用户说明原因。用户对供电企业答复的供电方案有不同意见时，应在一个月内提出意见，双方可再行协商确定。用户应根据确定的供电方案进行受电工程设计。

（3）《国家电网有限公司员工服务"十个不准"》（修订版）第四条不准为客户工程指定设计、施工、供货单位。

（4）《国家电网公司业扩报装管理规则》（国家电网企管〔2019〕431 号）第六十八条及时将相关信息录入营销业务应用系统，由系统自动生成业务办理表单，推行线上办电、移动作业和客户档案电子化，坚决杜绝系统外流转。

（5）《国家电网公司业扩报装工作规范》第十四条确保系统内信息与业扩报装实际进程保持一致，严禁客户业扩报装流程脱离营销业务系统自转。

防范措施

（1）注意程序中各环节的时间限制。要严格按照法律法规及内部管理制度的规定。

（2）提高现场勘察质量，严格审核客户用电需求、负荷特性、负荷重要性、生产特性、用电设备类型等，掌握客户用电规划。内部建立供电方案审查的相关制度，规范供电方案的审查工作。

（3）严格按照《电力供应与使用条例》和《供电营业规则》等相关法规的规定审查受电工程的安全性。

（4）严格执行落实总部有关"三不指定"的各项工作要求，告知客户如何办理用电业务。

【风险点 3】临时用电的法律风险

对基建工地、农田水利、市政建设等非永久性用电，可供给临时电源。其中基建工地临时用电尤为广泛，若在临时用电方面放宽管理要求，则会给供电企业带来一定的损失，同时因临时用电超期等问题，易导致法律纠纷。

形成原因 1：临时用电流程不规范。在办理用电业务过程中，可能存在着超期的违规风险，具体表现为两点：一是供电方案答复超期；二是客户受电装置或受电工程检验合格并办理相关手续后，未在规定时间内送电。

形成原因 2：临时用电超期限。

形成原因 3：临时用电涉及转供电。

政策依据

《供电营业规则》第十二条对基建工地、农田水利、市政建设等非永久性用电，可供给临时电源。临时用电期限除经供电企业准许外，一般不得超过六个月，逾期不办理延期或永久性正式用电手续的，供电企业应终止供电。使用临时电源的用户不得向外转供电，也不得转让给其他用户，供电企业也不受理其变更用电事宜。如需改为正式用电，应按新装用电办理。因抢险救灾需要紧急供电时，供电企业应迅速组织力量，架设临时电源供电。架设临时电源所需的工程费用和应付的电费，由地方人民政府有关部门负责从救灾经费中拨付。

防范措施

（1）严格执行《国家电网有限公司供电服务"十项承诺"》（修订版）、《国家电网有限公司业扩报装管理规定》《供电监管办法》有关业扩报装时限要求。

（2）制定服务时限考核办法，严格考核。

（3）定期开展业扩报装管理规定和十项承诺情况监督检查。

6.6.4 营业业扩管控法律风险典型案例

【典型案例 1】客户信息不准确，唯有投诉找上门

2020 年 6 月 29 日工作人员为高耗能用户办理暂停恢复流程时，错误将电价类别由"砖瓦、石材等建筑材料制造行业"修改为"其他开采专业及辅助性活动"，导致该用户退出高耗能行业，造成高耗能用户享受 7 月、8 月的 95 折电价优惠。且将客户手机号码 135×××6800 错误地输入成 135×××5800。通电后，135×××5800 的客户收到电费短信，导致该客户错交电费，并打"95598"投诉。

核查情况

经管理人员核查受理人员责任心不强，录入信息时未仔细核对客户信息，导致客户联系信息错误、电价执行错误，引发客户投诉。

暴露问题

（1）供电企业工作人员责任心不强，资料审核未进行核实，未向用户确认信息，归档资料管控不严格。

（2）业扩档案管理不规范。

防范措施

（1）加强业扩档案的管理流程及考核办法。

（2）开展业扩流程培训，提升业务人员技术水平。

（3）做好客户报装资质及资料审核。

【典型案例2】报装审核不把关，后续流程问题多

某供电公司客户原运行容量400千伏安，2020年4月15日申请在同一地址再新装160千伏安变压器1台，两处用电属同一产权证范围，通过简易隔板隔开。工作人员在现场勘察后，未指出存在"一址多户"问题，按新装流程答复了供电方案，造成基本电费收取错误。且该客户申请高压新装流程，竣工报验后5个工作日内，工作人员未联系客户进行竣工验收，超过规定时限。因未按时向客户供电，导致客户产品无法按时生产交货，损失严重，客户对供电公司提起诉讼。

核查情况

经核查问题属实，客户经理勘察现场不细致，违规出具存在"一址多户"问题的供电方案，导致用户基本电费收取错误。且未在工作流程规定时限内对客户验收供电，使客户损失严重。

暴露问题

（1）客户经理未严格审核客户用电方案，违规出具"一址多户"问题的供电方案。

（2）工作人员业务能力欠缺，未核实客户信息，电价执行错误。

（3）工作人员未按规定时限内完成高压新装流程。

防范措施

（1）内部建立供电方案审查的相关制度，规范供电方案的审查工作。

（2）定期开展业扩报装管理规定和异常电价执行错误或用户私改类行为的情况监督检查，提升工作人员技术水平。

（3）定期开展业扩报装管理规定和十项承诺情况监督检查。

【典型案例3】临时用电难分辨，差额电费恐难全

某供电公司在对超长时间临时用电户进行专项稽查的过程中，发现某客户合同容量为630千伏安，立户日期为2017年4月24日，行业类别为建筑陶瓷制品制造，用电类别为非工业，用户行业分类与临时用电性质不符，且该客户临时用电的期限已超过3年。供电公司稽查人员按照公司相关条例对该客户进行电量电费追补，并要求该客户交纳相关违约金，客户以因供电公司管理疏忽为由，称不承担相关法律责任，并拒绝交纳费用。经双方协调无果后，执行诉讼程序。

核查情况

经核查问题属实，前期供电公司未与客户签订永久性正式用电合同，且未发现电价执行错误或客户存在私改行为，核算环节在对临时用电客户进行审核时，未发现客户用电电量异常，造成少计收基本电费，影响企业经营收入。

暴露问题

工作人员对长期临时用电客户未开展走访核查，未发现客户现场实际为大工业用电，且未终止供电，未签订永久性正式用电合同，未计收基本电费。

防范措施

（1）定期开展业扩报装管理规定和异常电价执行错误或用户私改类行为的情况监督检查。

（2）加强对临时用电客户的监测，按期梳理相关内容并提前 30 天告知客户做好正式用电的申请，按照变更内容，重新签订供用电合同。

6.6.5 现场检查工作法律风险

【风险点 1】对现场检查性质认识错误的法律风险

部分供电企业职工错误认为现场检查属于行政执法，容易造成麻烦和讼争，最终升级为法律风险。

形成原因：供电公司执行权力认知。正确认识供电企业民事主体的性质，供电企业不具备行政执法权力。

政策依据

《中华人民共和国电力法》明确规定，县级以上地方人民政府经济综合主管部门是本行政区域内的电力管理部门，行使电力监督管理职权。供电单位则是依法实行自主经营、自负盈亏，并接受电力管理部门监督，供电企业其主体性质不是行政和民事的混合主体，只是单纯的民事主体。

防范措施

（1）加强引导员工对法律法规的学习，正确认识供电企业民事主体的性质。

（2）《中华人民共和国电力法》等有关法律法规中赋予电力管理部门行政监督职权的规定，是政府经济综合主管部门的行为依据，供电企业不得依据这些规定做出某种行为。

【风险点 2】违反检查程序的法律风险

在日常工作检查中，工作人员出现了违反工作流程或者不具备资格进行现场检查的情况，一旦客户起诉，会造成现场检查处理结果被撤销，甚至承担赔偿客户损失的责任。

形成原因 1：现场检查行为不规范。在检查取证时，有的客户以未经许可拍照、录像、干扰其经营生产等状告供电公司。

形成原因 2：现场检查不到位。由于供电公司日常现场检查工作不到位，发生用电安全事故时，供电公司被讼索赔的情况时有发生，给供电公司带来了较大的经济损失。

形成原因 3：替代客户进行电工作业。客户是用户端受电设施的产权人，应自行进行电工作业。供电企业负有按照法律法规进行现场检查的义务，但无义务为客户进行电工作业，在替代客户进行电工作业过程中，可能会产生各种法律风险。

政策依据

(1)《国家电网有限公司关于高危及重要客户用电安全管理工作的指导意见》(国家电网营销〔2016〕163号)第二项第一款各单位要合理制定高危及重要客户检查周期,确保及时发现各类供用电隐患。特级、一级高危及重要客户每3个月至少检查1次。二级高危及重要客户每6个月至少检查1次。临时性高危及重要客户根据其现场实际用电需要开展现场检查工作。

(2)《供电营业规则》第四十八条供电企业和用户分工维护管理的供电和受电设备,除另有约定者外,未经管辖单位同意,对方不得操作或更动。

(3)《国家电网有限公司营销现场作业安全工作规程(试行)》第4.4条营销服务人员不得擅自操作客户设备。

防范措施

(1)严格遵循现场检查程序。在具体现场检查中,工作人员要严格按照相关规定,做到依法检查。

(2)加强现场检查管理并定期开展现场检查,对客户的安全用电情况进行检查指导。拒绝替代客户进行电工作业。

(3)加强客户用电安全隐患治理整改,对每条隐患开具隐患整改通知书,督促用电人及时整改,同时建立客户用电安全隐患治理协调机制,充分取得政府支持形成有效的监督机制。

(4)当现场检查不能进行到底时,及时报告电力管理部门采取相应措施。

【风险点3】查窃电业务中的法律风险

现场检查过程中,发现窃电行为时,要及时取证,严格依法进行处理,否则可能会被窃电人颠倒黑白,拒绝配合现场检查的情况还多有发生,由于客户的不理解,认识不足,可能会产生其他纠纷,增加管理成本,严重者不仅会损害供电企业的声誉,而且会造成巨大的经济损失。不仅无法证明其窃电行为,还可能让现场检查人员及供电企业陷入诉讼中。

形成原因1:供电企业人员取证难。

形成原因2:现场人员执行服务难。查窃电属于日常现场检查的一种,在查窃电过程中,应严格按照现场检查的程序,对窃电行为依照法律规定处理,但查处过程如果不注意方式、方法,就有可能引起客户不满和投诉。

政策依据

(1)《供电营业规则》第一百零二条供电企业对查获的窃电者,应予制止并可当场中止供电。窃电者应按所窃电量补交电费,并承担补交电费三倍的违约使用电费。拒绝承担窃电责任的,供电企业应报请电力管理部门依法处理。窃电数额较大或情节严重的,供电企业应提请司法机关依法追究刑事责任。

(2)《供电营业规则》第一百零三条窃电量按下列方法确定:在供电企业的供电设施上,擅自接线用电的,所窃电量按私接设备额定容量(千伏安视同千瓦)乘以实际使用时间计算确定；以其他行为窃电的，所窃电量按计费电能表标定电流值（对装有限流器的，按限流器整定电流值）所指的容量（千伏安视同千瓦）乘以实际窃用的时间计算确定。窃电时间无法查明时，窃电日数至少以一百八十天计算，每日窃电时间：电力用户按 12 小时计算；照明用户按 6 小时计算。

（3）《供电营业规则》第一百零四条因违约用电或窃电造成供电企业的供电设施损坏的，责任者必须承担供电设施的修复费用或进行赔偿。

因违约用电或窃电导致他人财产、人身安全受到侵害的，受害人有权要求违约用电或窃电者停止侵害，赔偿损失。供电企业应予协助。

（4）《供电营业规则》第一百零五条供电企业对检举、查获窃电或违约用电的有关人员应给予奖励。奖励办法由省电网经营企业规定。

防范措施

（1）尽量在客户申请用电时，向客户明确解释《中华人民共和国电力法》关于现场检查客户不得拒绝的相关规定。发现窃电行为，有权予以制止，可以中断供电，尽量避免采用当场停电措施。

（2）现场服务时，工作人员要两人及以上，做好互相监督，发现其他工作人员存在廉政问题的，应及时制止。同时服务态度要好，耐心解释现场检查对客户安全用电的重要意义。同时应当收集、保存下列资料、材料：现场照片、录音、录像等影音资料；封存的窃电装置；委托有资质的机构制作的鉴定结论；供电企业的负荷监控、用电信息采集终端等监测装置记录；现场记录。

（3）当现场检查不能进行到底时，及时报告电力管理部门采取相应措施。情节严重的，要及时向公安机关报案，由公安机关介入现场进行处置。

6.6.6 现场检查工作法律风险典型案例

【典型案例 1】违约用电勤检查，电费遗漏追补难

某农场存在部分工业生产用电被供电公司查实为高价低接违约用电情况，被告知应交纳违约用电追补电费和违约使用电费。农场负责人在收到《违章用电、窃电通知书》后质疑供电公司没有提供具体的计算依据和步骤，无法核实计算准确性，且不认可供电公司对其进行设备扣押及高额处罚，故进行投诉。

核查情况

现场检查人员没有就现场违约用电分析电价适用情况，导致追补金额计算错误。同时没有在通知客户交纳费用的时候第一时间做追补计算解释工作，且私自扣押客户资产。

暴露问题

（1）供电企业工作人员缺乏对电力法的学习及认知，对本岗位的业务知识和相关技能不熟悉，错误计算违约使用电费。

（2）违约用电处理流程不规范，供电公司不具备行政执法权力。

防范措施

加强工作人员法律法规的学习及培训，增强现场检查风险防范意识，在职责范围内开展工作。

【典型案例 2】周期检查不严谨，责任划分难裁断

某供电公司一户二级高压重要用户，现场检查发现客户最近一期现场检查为用户设备烧毁检查，经核查发现客户上一次现场检查为 13 个月前，未及时按照规定时间开展周期检查。后经线损管理分析，现场表计螺丝松动，导致客户电量少计工作人员，对客户进行追补和违约处理，客户不认可遂进行投诉。

核查情况

客户经理未按照规定时间开展周期检查，造成客户设备隐患未及时发现，是引起客户设备损坏的主要原因。

暴露问题

(1) 工作人员未严格执行重要用户的现场检查周期。

(2) 日常监督管控不到位。

防范措施

(1) 严格遵循现场检查程序，在现场检查中，要严格按照相关规定，做到依法检查。

(2) 依托"专业＋稽查"体系，加强现场检查工作质量管控，开展专项稽查工作。

【典型案例 3】窃电取证不容易，态度不好易伤情

2022 年 1 月某现场检查小组对某工厂生活区进行违约用电现场检查，怀疑生活区用电私接至生产厂区，存在高价低接违约用电嫌疑。其间检查人员与工厂员工发生口角，工厂员工以宿舍隐私为由，拒绝检查人员进入宿舍检查。经查实生活区存在向外引接电源的违规情况，现场检查人员直接将生活用电断开以确定连接工业设备，造成违规停电，厂区设备损坏，引起法律纠纷。

核查情况

经现场核查，该厂确实存在违约用电的行为，但在现场检查中工作人员服务态度及处置方法未符合规定要求，使客户产生不满，导致进一步投诉及相关的法律风险。

暴露问题

(1) 工作人员违规停电，造成客户经济损失，引起法律纠纷，影响企业形象。

(2) 工作人员服务态度不规范，导致取证工作开展不顺利。

防范措施

(1) 发现违约用电行为，按照规定流程予以处置。不应对客户中断供电。

(2) 为客户提供服务时，应礼貌、谦和、热情。与客户会话时，使用规范化文明用语。

6.6.7　依法停限电业务法律风险

【风险点 1】故障及检修停、限电的法律风险

工程项目建设或供电设施计划检修需要停电，因电力设施故障而产生停电或因政府需要进行的停、限电的情况下，如果不严格按照国家规定的程序停电，可能引起客户家用电器损害，赔偿不到位可能引发投诉索赔。另外，采取停电措施时，如果程序不当也有承担赔偿责任的法律风险。

形成原因 1：计划检修停电。因供电设施计划检修需要停电。

形成原因 2：临时检修停电。因供电设施临时检修需要停止供电。

形成原因 3：发供电系统发生故障停限电。因发供电系统问题需要停止供电。

形成原因 4：政府指令停电。因政府工作需要，供电公司需配合停止供电。

政策依据

（1）《电力供应与使用条例》第 28 条除本条例另有规定外，在发电、供电系统正常运行的情况下，供电企业应当连续向用户供电；因故需要停止供电时，应当按照下列要求事先通知用户或者进行公告：因供电设施计划检修需要停电时，供电企业应当提前 7 天通知用户或者进行公告；因供电设施临时检修需要停止供电时，供电企业应当提前 24 小时通知重要用户；因发电、供电系统发生故障需要停电、限电时，供电企业应当按照事先确定的限电序位进行停电或者限电。引起停电或者限电的原因消除后，供电企业应当尽快恢复供电。

（2）《供电营业规则》第六十七条除因故中止供电外，供电企业需对用户停止供电时，应按下列程序办理停电手续：应将停电的用户原因、时间报本单位负责人批准。批准权限和程序由省电网经营企业制定；在停电前三至七天内，将停电通知书送达用户，对重要用户的停电，应将停电通知书报送同级电力管理部门；在停电前 30 分钟，将停电时间再通知用户一次，方可在通知规定时间实施停电。

【风险点 2】欠费停电的法律风险

欠费拒交是法定可以采取停电措施的情形之一，在采取欠费停电措施的过程中，一旦发生风险，不仅电费难以回收，供电企业还可能承担客户因停电而造成的损失，引发客户投诉和索赔的服务风险，情节严重的会产生法律投诉风险。

形成原因 1：欠费停电未经过严格审批确认程序。

形成原因 2：未严格执行停电通知制度。

形成原因 3：客户因欠费停电的，在交清电费后未及时供电。

政策依据

（1）《国家电网有限公司电费抄核收管理办法》第五十六条对欠费电力客户应有明细档案，按规定的程序催交电费。电费催交通知书、停电通知书应由专人审核、专档管理。电费催交通知书内容应包括催交电费年月、欠费金额及违约金、交费时限、交费方式及地点等。停电通知书内容应包括催交电费日期、欠费金额及违约金、停电原因、停电时间等。鼓励采用电话、短信、微信等电子化催交方式，现场发放停电通知书应通过现场作业终端等设备拍照上传，做好取证留存工作；加强欠费停电管理，严格按照国家规定的程序对欠费电力客户实施欠费停电措施。对未签订智能交费协议的电力客户，停电通知书须按规定履行审批程序，在停电前三至七天内送达电力客户，可采取电力客户签收或公证等多种有效方式送达，并在电力客户用电现场显著位置张贴，拍照留存上传至营销业务应用系统。对重要电力客户的停电，应将停电通知书报送同级电力管理部门，在停电前通过录音电话等方式再通知电力客户，方可在通知规定时间实施停电。

（2）《供电营业规则》第九十八条用户在供电企业规定的期限内未交清电费时，应承担电费滞纳的违约责任。电费违约金从逾期之日起计算至交纳日止。每日电费违约金按下列规定计算：居民用户每日按欠费总额的千分之一计算；其他用户：当年欠费部分，每日按欠费总额的千分之二计算；跨年度欠费部分，每日按欠费总额的千分之三计算。电费违约金收取总额按日累加计收，总额不足1元者按1元收取。

防范措施

（1）严格落实总部电费抄核收工作规范，严格依法按规定程序办理停电手续。

（2）在供用电合同中明确约定用电方欠缴电费达30天或有其他违约用电行为的，供电方有权予以停止供电，做到停电有依据。

（3）必须自逾期之日起计算超过30日，经催交仍未交付电费的，才可以考虑采用停电措施。

（4）在符合可以停电的前提条件下，必须按照国家规定的程序停止供电。即：将停电的用户、原因、时间报本单位负责人批准；在停电前三至七天内，将停电通知书送达用电人，对重要用户的停电，应将停电通知书报送同级电力管理部门；在停电前30分钟，将停电时间再通知用户一次，方可在通知约定时间实施停电；停电通知书一式三份应当直接送交用户，并由用户签字确认；送达方式必须合法有效，一般的送达方式有：直接送达、留置送达、公证送达。在用电人交清所欠电费和违约金后，及时恢复供电。

【风险点3】违约违法用电时停电的法律风险

供电企业对于违约违法用电行为的客户，未按规定的程序采取停电措施，因供电公司人员差错对客户造成损失，被用电人索赔，承担法律责任。

形成原因1：未按规定的停用时间和流程对设备进行操作。

形成原因2：未按规定的流程事先通知用户或进行公告，直接停电。

政策依据

（1）《供电营业规则》第六十七条除因故中止供电外，供电企业需对用户停止供电时，应按下列程序办理停电手续：应将停电的用户、原因、时间报本单位负责人批准。批准权限和程序由省电网经营企业制定；在停电前三至七天内，将停电通知书送达用户，对重要用户的停电，应将停电通知书报送同级电力管理部门；在停电前30分钟，将停电时间再通知用户一次，方可在通知规定时间实施停电。

（2）《供电营业规则》第六十八条因故需要中止供电时，供电企业应按下列要求事先通知用户或进行公告：因供电设施计划检修需要停电时，应提前七天通知用户或进行公告；因供电设施临时检修需要停止供电时，应当提前24小时通知重要用户或进行公告；发供电系统发生故障需要停电、限电或者计划限、停电时，供电企业应按确定的限电序位进行停电或限电。但限电序位应事前公告用户。

防范措施

（1）严格按照规定流程办理停电手续，并按照规定流程事先通知用户或进行公告。

（2）供电企业应按照规定流程履行停电手续，向客户进行停电告知，下达通知书、明确停电时限。

6.6.8 依法停限电业务法律风险典型案例

【典型案例1】无奈现场需停电，产权划分需明晰

某镇政府接到上级通知对辖区内养猪场废水整改，镇政府口头请求当地供电所予以停电配合，供电所在没有按要求经管理部门和单位分管负责人审批的情况下，擅自对养猪场开展现场强制性停电作业，造成养猪场损失严重，寄律师函质疑供电部门违规停电，要求赔偿。

核查情况

供电所在没有履行强制停电审批程序、未提前通知客户的情况下，直接停电作业，程序不合规。

暴露问题

（1）未接收到政府单位停电的正式函，未按规定流程履行停电审批手续。

（2）未按照规定向客户进行停电告知，未下达通知书、未明确停电时限。

防范措施

（1）配合政府停电，必须是县级以上人民政府发函。

（3）供电企业应按照规定流程履行停电手续，向客户进行停电告知，下达通知书、明确停电时限。

【典型案例2】故障停电未告知，老人犯病求索赔

某地区供电单位于7月5日中午进行变压器检修停电，该供电所台区经理未宣传到位。A客户称冰箱存放的贵重药物因停电损坏，家中老人因无药物及时使用而犯病住院，遂将供电公司提起诉讼要求索赔。

核查情况

经核查情况属实，变压器开展临时检修工作，台区经理未按规定提前24小时通知重要用户或进行公告，停电当天也未向辖区客户宣传到位，致使客户利益受损，引发法律诉讼，影响企业形象。

暴露问题

（1）工作人员未按规定的流程和时限对外公告。

（2）工作人员责任心差，风险意识不强，未考虑到不按规定停电公告可能引发的法律风险。

防范措施

(1) 加强人员的业务知识学习，提升工作人员的业务技术水平，增强风险防范意识。

(2) 供电企业应按规定的时间和程序事先通知用户或进行公告。

【典型案例3】未按顺序停限电，形象受损法院见

度夏期间负荷较大，某供电公司未按照政府批准的有序用电方案执行停限电工作，限电期间，未按照顺序对二级分类的B公司执行停限电，使B公司业务受损，引起B客户的不满，客户以供电公司管理疏忽为由，要求索赔，经双方协调无果后，执行诉讼程序。

核查情况

经核实情况属实，供电公司在停限电期间为快速压降负荷，未能按照政府批准的有序用电方案执行停限电，对二级限电用户直接执行停电指令，使客户利益受损。

暴露问题

(1) 工作人员责任心不强，对政策理解不到位，违反了有序用电方案实施的相关规定。

(2) 公司内部缺乏对有序用电方案执行监管及管控。

防范措施

(1) 加强人员的业务知识学习，提升工作人员的业务技术水平，增强风险防范意识。

(2) 建立有序用电方案编制、审核及监管制度。

6.6.9 电能计量业务法律风险

【风险点1】电能计量装置过程中的法律风险

用户申请报装或设备因故障更换后，通常是由供电公司负责出资为用户安装计量装置，当计量装置出现问题时，用户会追究供电企业责任，拒缴或少缴电费。

形成原因1：计量表计存在出厂故障。

形成原因2：更换、拆除计量装置不符合要求。供电企业可以根据电能计量表使用周期的要求，或应用户增容、减容等需求，或由于电能计量表故障等原因，为用户更换电能计量表。同时，也可以根据用户申请或因合同期满、违约用电等情形拆除计量装置。

政策依据

(1)《国家电网有限公司营销标准化作业指导书》计量专业。

(2)《电力安全工作规程（配电部分）》7.4 计量、负控装置工作，8 低压电气工作。

防范措施

(1) 在进行大范围电能计量装置新装时应先进行抽查检验测试，发现无异常时再进行安装，避免造成大范围的电费损失。

(2) 合理利用采购合同，发现计量装置质量问题时及时与供应商联系更换，或追究其违约责任。

(3) 更换、拆除计量装置必须履行提前通知程序；做好相关证据的保留工作；变更用电时，按规定的程序更换电能计量装置；违约用电或暂拆原因消除后，应及时按规定复装接电。

【风险点 2】预付费结算方式的法律风险

预付费模式即为供电企业推广的先交钱后用电的电费交纳业务，通过预存电费的形式可以提高客户用电不停电的权利，同样也可以享受到充值送积分等多项活动，但该行为一直存在着诸多争论。要改变客户一直以来的用电习惯是一个漫长的过程，在此阶段若客户产生不理解时会引起不必要的投诉及法律纠纷。

形成原因 1：强制客户采用预付费结算方式，侵犯用户选择结算方式的权利，可能导致合同中该条款的无效，甚至是引发侵权责任。

形成原因 2：由于预付费方式的特殊性，其引起的停电程序不合法，将引起侵权赔偿责任。

政策依据

《国家电网有限公司电费抄核收规范》第八十二条全面落实电费回收工作责任制，采用"日实时监控、月跟踪分析、季监督通报、年考核兑现"等方式，对电费回收率、应收电费余额等指标及电费回收真实性进行评价与考核，确保电费按时全额回收。各省公司应结合实际情况，编制电费回收工作质量评价与考核制度。

防范措施

（1）根据法律规定推行预付费售电系统。根据《中华人民共和国民法典》相关规定，对有确切证据证明对方有下列情形之一的，供电企业可以要求其安装预付费售电系统，否则，应提供相应的担保：①经营状况严重恶化的用户；②转移财产、抽逃资金，以逃避电费债务的用户；③丧失商业信誉的用户；④有丧失或可能丧失履行缴纳电费能力的用户。

（2）依照供用电合同约定适用预付费方式。经供用电双方自愿协商可以采用预付费方式，也可在合同中就将来需安装预付费售电系统的权利和义务作约定。由于目前公司采用的供用电合同文本是统一提前制定的，有格式合同的嫌疑，因此，在对预付费的约定上，一定要做到公平公正，给用户以选择的权利，除特殊情况外，不能强制适用预付费方式。

（3）对停电会造成人身、设备重大安全事故的企业，或重要的政治、军事、国防及其他重要用户不得安装预付费售电系统。

（4）针对预付费方式，与用户签订相应的协议，对权利义务作明确约定。

【风险点 3】计量差错的法律风险

在供用电活动中，用电人经常因某种原因对用于结算的用电计算装置是否准确产生异议。当计量故障或人为原因导致电费少计，工作人员人为原因故意修改抄表示数、长期零电量等，供电企业如不依法处理可能引发用电人投诉、电费回收风险、廉政风险，同时也存在供电企业责任的法律风险。

形成原因 1：计量故障或人为原因导致电费少计。

形成原因 2：工作人员人为原因故意修改抄表示数。

形成原因 3：客户长期零电量。

政策依据

（1）《供电营业规则》第三十三条用户连续六个月不用电，也不申请办理暂停用电手续者，供电企业须以销户终止其用电。

（2）《国家电网有限公司电费抄核收管理办法》第三十一条定期开展抄表质量检查：应重点针对连续三个抄表周期的零度表通过远程召测分析，对于分析异常的应及时消缺处理，无法确认的异常应到现场核实后处理。

防范措施

（1）用电人对用于结算的用电计量装置准确性有异议的，可以委托法定的或者授权的计量检定机构，供电企业应当配合。

（2）异议期间电费的交纳方式。根据《供电营业规则》第八十条由于计费计量的互感器、电能表的误差及其连接线电压降超出允许范围或其他非人为原因致使计量记录不准时，退补期间，用户先按抄见电量如期交纳电费，误差确定后，再行退补。

（3）异议期间电费的交纳数额。根据《供电营业规则》第八十一条用电计量装置接线错误、保险熔断、倍率不符等原因，使电能计量或计算出现差错时，退补电量未正式确定前，用户应先按正常月用电量交付电费。

（4）及时发现计量差错问题，注意保存证据。

6.6.10　电能计量业务法律风险典型案例

【典型案例 1】表计安装出问题，管控不严易纠纷

某公司一客户反映拉邻居家闸刀自家停电的问题，怀疑自家电能表和邻居家电能表接反。经调查，该户为"三供一业"客户，于 2020 年年初装表送电，施工队现场装表时未落实逐户核对、试拉试送工作要求，供电所工作人员对施工过程监督管理不到位，造成客户电能表线路接错，现已为客户调整接线并协调解决了两户差额电费的问题，并对施工队及供电公司相关责任人进行处罚。

核查情况

供电公司施工人员未逐户核对电能表接线和客户对应关系，管理人员监督管理不到位，导致电能表线路接错，引发客户电费纠纷、增加投诉风险。

暴露问题

专业设备管理不到位、网格客户经理现场巡视不到位、施工作业人员施工后未开展复查核对。

防范措施

（1）在进行大范围电能计量装置新装时应先进行抽查检验测试，发现无异常时再进行安装，避免造成大范围的电费损失。

（2）合理利用采购合同，发现计量装置质量问题时及时与供应商联系更换，或追究其违约责任。

【典型案例 2】预付结算勤宣传，企业破产难结算

2019 年 12 月，某供电公司辖区内某企业连续多月欠费，且欠费金额高达上千万，供电公司相关人员未采取有效催收措施，在该企业破产后，大额电费金额无法收回。供电公司稽查人员按照公司相关条例对该用户进行电量电费追补，并要求该用户交纳相关违约金，用户以供电公司管理疏忽为由，称不承担相关法律责任，并拒绝交纳费用。经双方协调无果后，执行诉讼程序。

核查情况

供电公司对多月未交纳电费客户，没有采取相应的风险防范措施，未及时发现客户存在的异常风险。

暴露问题

未建立"一户一策"风险防范措施，造成公司经营受损。

防范措施

应建立"一户一策"的管理体系，针对多次欠费、用电量大的用户加强走访和宣传，时刻做好沟通与联系，提前做好风险研判。

【典型案例 3】计量装置出故障，责任纠纷难维权

某用户用电设备遍布范围广，采用参考表计量方式计收电费，因参考表（考核表）计量设备故障，未及时发现，导致用户长期 0 电量发行。遂供电公司要求用户追补电费，因电费数额巨大，用户因为计量装置损坏非用户责任不同意交纳电费，经双方协调，客户不认同供电公司解释，产生投诉并与供电公司发生诉讼纠纷。

核查情况

参考表 0 电量，致使用户正常使用设备，但长期未计收电费，引发电费风险，影响供电公司营业收入。

暴露问题

工作人员日常监控管理不到位，未能定期开展计量设备的检定及监测工作，在长期 0 电量用电的情况下未能及时现场核实用户用电情况，属于管理责任。

防范措施

（1）强化抄表质量管控，加大抄表示数复核力度，及时处理抄表示数异常。

（2）加强现场计量装置、采集装置运行维护，及时处理故障或异常。

6.7 供电服务舆情风险防范

6.7.1 舆情风险定义

供电服务舆情风险是指与供电服务相关的舆情事件可能对供电企业形象、信誉和业务产生的潜在负面影响。这些事件可能包括供电中断、电费涨价、电能表计量错误等，如果得不到及时解决，可能引发广泛的社会关注和争议，损害供电企业的声誉和利益。

供电服务舆情危机特征：由于电网企业的自然垄断属性和媒体的推动作用，电网企业舆情呈现以下特征，一是电网企业属于"敏感体"，极容易成为攻击焦点；二是正面新闻被较少关注，负面新闻跟风严重；三是电网企业与公众缺乏相互沟通和理解，容易造成误解，垄断、薪酬福利、电价、社会责任等是电网企业舆情的重点内容。

6.7.2　高发舆情概述

（1）风险点1：供电服务质量不高。

供电企业的服务质量是公众对其评价的重要指标之一。如果供电服务存在不合理、不公正、不透明的问题，容易引发公众的不满和抱怨，产生舆情风险。

管控措施：供电企业需要注重提高服务质量，加强客户体验，做好服务工作，以满足客户需求，减少客户投诉和抱怨。提高服务水平和客户满意度，同时积极开展社会公益活动，树立良好的企业形象。

（2）风险点2：供电企业形象不佳。

供电企业的形象包括企业文化、品牌形象、社会责任等多个方面。如果企业形象受到负面影响，如曝光严重违法违规行为或者严重事故等，会引发社会广泛关注和争议，产生舆情风险。

管控措施：供电企业需要注重品牌建设，树立企业形象，提升社会认可度和客户满意度，以增强企业的竞争力和抗风险能力。

（3）风险点3：市场竞争压力较大。

随着市场竞争的加剧，供电企业需要不断提高服务质量和竞争力，以保持市场地位。如果企业在市场竞争中落败，会引发各方面的质疑和关注，产生舆情风险。

管控措施：供电企业应建立健全信息公开制度，建立信息公开渠道，主动向社会发布生产经营状况、环境保护措施、安全生产情况等信息，提高信息透明度和公信力，增强社会对供电企业的信任度。

（4）风险点4：政策法规压力较大。

政策法规对于供电企业的发展和运营有着重要影响。如果政策法规发生重大变化或者对企业进行重大调整，会引发市场和公众的关注和猜测，产生舆情风险。

管控措施：供电企业需要做好政策法规的解读和应对，关注政策法规的变化，提前做好应对准备，及时向客户和社会公众传递政策影响和企业应对措施，以减少不必要的误解和争议。

6.7.3　舆情风险分类

按涉及的营销业务类型舆情风险分为市场业务、营商环境、营业业务、购电服务、质量管控、计量管理六类。

（1）市场业务舆情主要包括电力负荷管理、客户侧安全管理、电能替代、综合能源、公司产权充电设施运维及车联网服务等方面舆情。

（2）营商环境舆情主要包括业扩报装、变更用电、分布式电源并网服务、服务增量配电改革、供用电合同管理、营业厅等线下渠道、信息公开、转供电改造等方面舆情。

（3）营业业务舆情主要包括各类市场主体的抄表结算、业务收费、电费回收、分布式电源结算、互联网服务渠道建设运营、客户基础信息、营销信息安全等方面舆情。

（4）购电服务舆情主要包括代理购电价格测算、交易申报、合同签订、信息发布、代理购电价格执行，省间现货购电、用户参与市场等方面舆情。

（5）质量管控舆情主要包括"95598"热线服务、违约用电查处、诉求处置不规范、非营销专业人员服务行为等方面舆情。

（6）计量管理舆情主要包括计量装置、低压台区线损管理、反窃电、低压用电检查、营销作业安全等方面舆情。

6.7.4　舆情风险等级

一级营销服务舆情包括：省部级及以上领导批示、国家有关部委来函转办，省级及以上政府网站、主流门户网站发布，省级及以上主要媒体及其所属新媒体账号报道，具有重大社会影响力的公众人物通过自媒体发布，或各大网络平台发布后评论转发量超过 2000 个及以上等，存在引发重大及以上供电服务质量事件风险的舆情。

二级营销服务舆情包括：地市级政府网站发布，客户通过国家级政务网站留言反映，地市级主要媒体及其所属新媒体账号报道，具有较大社会影响力的公众人物通过自媒体发布，或各大网络平台发布后评论转发量超过 500 个及以上等，存在引发较大、一般供电服务质量事件风险的舆情。

三级营销服务舆情包括：客户通过省级政务网站留言反映，敏感身份客户（大 V、公众人物）通过自媒体发布，或各大网络平台发布后评论转发量超过 10 个及以上，存在事件升级发酵风险的舆情。

四级营销服务舆情包括：客户通过地市级及以下政务网站留言反映，或各大网络平台发布，对公司形象产生负面影响的信息。

6.7.5　供电服务舆情调查处置实施细则

1. 调查处置流程

行动迅速，监测到舆情后第一时间通知到位、启动调查，抓住舆情调查处置的黄金时间，严防舆情发酵升级；实事求是，查清事件成因，还原事件真相，不回避矛盾和问题；处置闭环，确保问题整改到位，严肃责任追究、消除负面影响；管理提升，强化溯源分析，聚焦共性问题，补齐管理短板，防范类似问题再次发生。

（1）舆情监测。

1）国网客服中心开展 7×24 小时实时监测，监测到营销服务舆情后，应根据反映内容和造成影响，研判专业分类和等级划分，并简述舆情内容。各省（区、市）公司完善省、市公司营销服务舆情监测处置联动机制，持续提升舆情监测能力。

2）同一舆情事件造成的影响范围扩大，升级为上一等级供电服务舆情事件时，应当重新派发舆情，按重新确定的舆情等级管理。

（2）舆情处置。

1）营销服务舆情调查处置落实"两条线管理、一体化处置"要求。国网客服中心在监测到舆情后，一方面，通过"95598"业务渠道向省公司派发处置工单，另一方面应立即报告国网营销部。各省（区、市）公司监测到营销服务舆情后，在立即启动调查处置工作的同时，三级及以上营销服务舆情要同步向国网营销部报备。

2）国网营销部各专业处安排专人负责本专业舆情处置工作，研判舆情属性，做好跟踪督导。对一、二、三级舆情，以及专业处研判应进行重点督导的四级舆情，在接收舆情信息后30分钟内，协调相关省公司开展舆情调查处置，责任单位在处置完成后，应编制调查处置情况报告报国网营销部，确保舆情调查及时准确、处置得当。

3）各省（区、市）公司接到国网客服中心派发的舆情工单后，第一时间联系客户处理舆情中反映的用电诉求，加强与客户沟通，尽快消除舆情影响。一、二级舆情应于24小时内，三、四级舆情应于3日内完成调查处置和工单回复。

4）各省（区、市）公司按照分级负责、属地管理的原则，落实调查处置主体责任。一级舆情由省公司分管领导牵头组织调查处置；二、三级舆情由省公司营销部督导、地市公司分管领导牵头组织调查处置；四级舆情由市公司营销部督导、县（区）公司分管领导组织调查处置。

5）因舆情反映信息不全无法准确定位时，应由舆情信息中能定位的最小范围单位持续监测，跟踪处置。

（3）舆情的闭环管理。

营销服务舆情调查处置完成后，舆情反映主体明确、有详细位置信息或联系方式的，由国网客服中心开展客户回访工作，或由属地单位征询客户意见，实现客户诉求闭环管理。国网客服中心和责任单位持续跟踪后续进展，直至舆情影响完全消除，严防次生舆情产生。

（4）舆情的质量监督。

1）国网客服中心要做好营销服务舆情派发后的持续监测，出现舆情扩大、调查处置滞后、工单回复超时等情况，要及时通过电话、短信、邮件等方式预警和督办，并同步报告国网营销部。

2）各省（区、市）公司营销部要做好舆情调查处置的审核把关，确保舆情事件调查真实准确、责任分析全面到位、处置措施精准得当。

3）国网营销部定期开展营销服务舆情分析，聚焦舆情中反映的突出问题，深入溯源分析，推动各级各专业查找管理短板，强化同类问题风险防控，持续提升管理水平。

2. 风险响应措施

舆情响应措施是指在舆情事件发生后，为了避免事件对组织造成负面影响，对事件进行有效的处置和回应的措施。

舆情监测和预警：及时监测和分析网络、媒体等渠道中出现的与组织相关的信息，预测可能产生的舆情，及时采取应对措施。

舆情分析和研判：对舆情信息进行分析和研判，了解事件的发展趋势和可能带来的影响，为制定应对措施提供依据。

危机预案制定：根据不同类型的舆情事件，制定相应的应对预案，明确各部门职责和应对措施，以便在事件发生时能够快速反应。

应对措施实施：根据危机预案，采取相应的应对措施，积极回应公众关切，通过公开透明的方式传递信息，减少负面影响。

危机后评估：对事件的应对措施和效果进行评估，总结经验教训，不断完善舆情响应机制。

3. 风险分析技巧

监控关键词：对于特定行业或企业，设置关键词监控，及时了解相关舆情动态。同时，还需监控相关微博、微信公众号、贴吧等社交媒体平台。

分析传播途径：对于不同的舆情事件，传播途径也不同，需要精准分析。比如，针对微信公众号，需要分析转发量、阅读量、点赞数等；针对微博，需要分析转发量、评论量、点赞数等。

评估舆情态势：对于舆情事件，需要全面评估态势，判断是否会对企业造成负面影响。可以从舆情事件的规模、传播速度、传播范围、舆情情绪等多个角度进行评估。

制定应对策略：针对不同的舆情事件，需要制定不同的应对策略。比如，对于一些小规模的负面事件，可以适当忽略；对于一些严重的负面事件，需要紧急调集资源进行应对。

分析用户反馈：对于舆情事件，需要及时分析客户的反馈，了解客户的情绪和诉求，及时调整应对策略，减少舆情风险。

4. 突发重大营销服务舆情处置流程

依据《营销服务舆情调查处置实施细则》，突发重大营销服务舆情主要为一级营销服务舆情明确的有关事项，包括：省部级及以上领导批示、国家有关部委来函转办，省级及以上政府网站、主流门户网站发布，省级及以上主要媒体及其所属新媒体账号报道，具有重大社会影响力的公众人物通过自媒体发布，各大网络平台发布后评论转发量超过2000个及以上，或网络热搜排名连续居前、全网高度关注、社会不良反应较为集中，可能损害公司形象的营销服务舆情事件。

（1）应急启动。

1）事件性质研判。按照《营销服务舆情调查处置实施细则》，对国网客服中心、各省（自治区、直辖市）电力公司监测到的舆情，以及日常各类渠道出现的舆情进行分析，经研判属于重大营销服务舆情事件的，立即向应急处置领导小组汇报，经审核确认后，启动应急响应，并通知有关省公司开展先期处置。

2）专业分析会商。应急处置领导小组立即召集营销部相关专业处，开展联合会商，分析研判事件发展趋势，研究下一步应对处置措施，做好后续各项工作安排，明确牵头处室、有关工作、时间节点和任务分工，并督导事发省公司做好后续事件调查和宣传应对等各方面工作。

3）部门协同配合。应急处置领导小组根据舆情事件发展情况，按照公司舆情工作方案要求开展有关工作，加强与国网宣传部的横向协同，共同研判问题性质、事件影响，详细研究舆情处置方案，联合跟踪舆情发展，联动做好应急处置，并及时向公司领导报告事件基本情况。

（2）调查处置。

1）组织现场调查。根据舆情事件分类，按照《营销服务舆情调查处置实施细则》，管理部门会同相关专业，全过程指导事发单位做好舆情事件现场调查，第一时间联系客户，迅速查清事件真实情况，及时处理客户诉求、回应客户关切，并于24小时内完成调查处置报告，经管理部门审核后，报应急处置领导小组。

2）做好客户解释。事发单位应根据舆情事件现场调查情况，结合事态发展和客户核心诉求，会同国网客服中心编制统一答复话术，经管理部门和相关专业审核后，在公司各渠道应用。管理部门负责加强与"12398"热线中心的沟通联系，主动报告有关情况，提供答复话术，并指导有关省公司做好与当地"12345"热线等沟通，协同做好客户诉求解释，打消客户疑虑。

3）加强信息报送。在应急处置领导小组指导下，管理部门会同相关专业，加强与国家能源局市场监管司、国家发改委经济运行局等行业主管部门的沟通汇报，并指导省公司联系省能监办等监管派出机构，主动报告舆情事件的总体情况、调查处置进展以及舆情引发原因，取得主管部门的理解和支持。

（3）宣传应对。

1）争取宣传支持。管理部门根据事件性质和进展，配合国网宣传部，及时联系中宣部、中央网信办等上级宣传主管部门，主动汇报相关情况，争取在舆情管控方面给予支持。指导事发单位与属地党委政府、宣传和网络主管部门加强沟通汇报，依法依规控制事态发展，防范舆情扩散。

2）加强正面引导。事发单位组织营销、宣传等部门，联系当地主要媒体，利用广播电视、新媒体等多种渠道，针对性开展正面宣传，尽快消除舆情影响。同时根据事件性质和事态发展，会同国网宣传部，适当通过中央主流媒体对事件进行澄清报道。

3）持续跟踪监测。相关管理部门及时调整监测策略，不间断开展专项舆情监测，实时跟踪舆情发展，动态评估宣传应对成效，优化调整宣传应对策略，确保舆情管控尽快取得实效。

（4）总结分析。

1）做好总结汇报。完成舆情处置应对后，管理部门会同相关专业，开展舆情事件总结分析，形成调查处置报告，并会同国网宣传部，根据需要分别向公司主要领导和分管领导书面汇报。

2）落实问题整改。管理部门会同相关专业落实公司领导批示要求，深入剖析舆情事件问题根源，对事件中暴露出来的业务问题和管理短板，制定针对性改进提升措施并抓好落实，防范类似事件再次发生。

3）调查处置复盘。应急处置领导小组及时开展舆情事件调查处置情况复盘，对舆情事件应急处置过程和成效进行分析，总结在舆情调查、沟通解释、宣传应对等方面存在的问题，及时完善舆情应急调查处置工作流程，改进方式方法，提高处置质量。

突发重大营销服务舆情事件应急处置流程如图6-1所示。

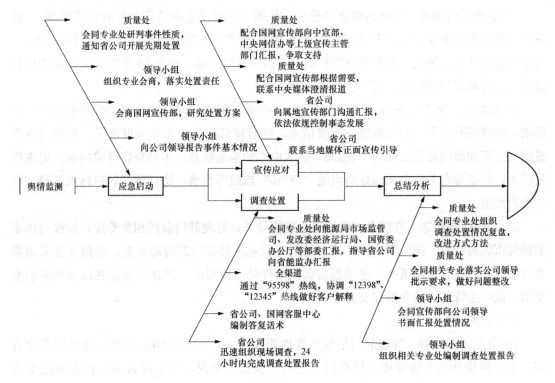

图6-1 突发重大营销服务舆情事件应急处置流程图

6.7.6 供电服务舆情案例

【典型案例1】供电企业电力产品推广不当舆情

2016年5月3日，凤凰网科技频道以"国家电网推广'电e宝'，微信支付宝将无法缴电费"为题发文称，国家电网于近期下发了一份文件，要求各地推广国家电网自有支付平台"电e宝"，确立"电e宝"在线上交纳电费的主导地位。文章同时援引国家电网相关人士的话称"国家电网打算逐步取消第三方支付渠道，目前确定的过渡期为3个月"。该文当日被转发近80条，有关"微信支付宝不能交电费"的消息在网络中迅速传播，引发行业内外热议。

5月4日晚间，国家电网新闻发言人办公室回应称"不会封杀微信、支付宝，'电e宝'推出后，通过社会化第三方支付渠道交费的客户仍可选择原方式不变。"

7月6日，《人民日报》发表评论性文章《人民日报评国家电网强推电 e 宝：抢市场不能变为圈市场》又将"电 e 宝"推向舆论的旋涡。文章把"电 e 宝"没有得到预期的支持归为两个原因：其一，过多的同质化竞争行为造成资源的浪费。其二，"电 e 宝"存在无法发送验证码、注册总是失败、一些功能需下载附加软件才能实现等问题，用户体验较差。还有舆论质疑，现在仍可用其他支付渠道交费，但将来很难保证一些企业不会借助市场垄断地位来强推自己的支付平台。建议企业针对舆论的质疑，有针对性地进行回应，在产品设计方面找准定位，积极进行创新，提升客户体验。

暴露问题

（1）在新产品推广时宣传内容过于偏激、片面。

（2）产品性能未得到有效的开发利用，客户体验感不强。

（3）工作人员缺乏舆情防范意识，对外发布不当言论，影响企业形象。

防范措施

（1）适当开展电力产品的推广与宣传，不可强推、硬推，做好基础应用推广及宣传。

（2）提升电力产品质量，做好产品的有效应用，增强客户的良好体验感。

（3）提高公司工作人员舆情应对、风险防范和保密意识。

【典型案例 2】电费执行不当的投诉舆情

新华网近日报道称，某小微企业投诉半年来被供电部门累计罚款"力调电费"5 千多元。国网某供电公司对此回应"是由于客户无功补偿设备损坏，功率因数不达标，从而产生力调增收电费。对该客户立即安排客户经理上门服务，进一步沟通解释，争取客户理解"。

部分小微企业对电价相关政策了解不多，尤其是对"两部制"电价、基本电费、力调电费等存在疑惑，由此引发的用电成本的增加，极易引发客户的不满，可能导致舆情事件的发生。因此，建议公司主动优化服务，对每个客户用电情况进行详细梳理，向客户介绍当前管理重点和注意事项。

针对该事件，连续被收取半年力调费，舆论对供电公司服务产生怀疑，建议公司积极主动帮助客户检查相关用电设施，完成无功补偿设备的更换工作，争取客户理解。

暴露问题

（1）供电公司未定期开展走访客户，开展现场检查工作。

（2）电力政策宣传不到位，客户对电量电费构成规则不明晰。

防范措施

（1）应定期开展客户走访工作，确保重要用户及大中小型企业用户了解电力产品的应用及优惠政策，确保公司服务品牌宣传到位、执行到位。

（2）加大营销稽查的检查核查力度，规范工作流程，提升营销工作质量。

【典型案例 3】工程项目管理不当舆情

中国新闻网 28 日报道称，同一公司生产，同一标准型号的供电计量箱，经过供电公司指定的公司销售需要 4.8 万元一台，而施工企业从厂家拿货，每台只需 1.8 万元。如果不使用高价的用电设备，供电公司则拒绝供电。某地区一农业用电项目的施工负责人称，某县供电公司要求统一使用A公司提供的计量箱。可同一公司生产的同一标准型号的产品，从生产厂家拿货，每台计量箱只需要1.8万元，但从A公司拿货，就需要4.8万元。因为没有使用A公司的供货，虽然我们的设备已经按照要求全部安装到位，但某县供电公司一直拒绝进行验收，也就不能供电。针对施工方的质疑，某县供电公司副经理王某涛表示，为确保计量准确，他们和生产厂家都有协议约定，A公司是国家电网某公司的集体企业，他们提供的货源能够保证（计量不造假），所以计量装置必须由A公司提供，施工方必须使用他们指定的A公司提供的计量箱，他们才会验收。

暴露问题

（1）违反了《国家电网有限公司关于印发"阳光业扩"服务工作方案的通知》中关于"三指定"等相关要求。

（2）工作人员缺乏舆情防范意识，对外发布不当言论，影响企业形象。

防范措施

（1）加强公司员工对规章制度及服务标准的学习培训，加强业扩流程的规范管理、用户工程项目的管理及施工单位的管理。严禁违反"三指定"。

（2）提高公司工作人员舆情应对、风险防范和保密意识。

【典型案例4】线路故障导致停电舆情

2016年8月6日20：15，某水厂由于供电线路出现故障导致停产，导致某城区多地出现大面积停水，百万余市民用水受到影响。至8月7日15：00专线电缆抢修完成，某水厂才逐步恢复供水。8月7日早，A水业集团官方微博发布信息指出"供电线路故障导致停产"，试图将故障原因引向供电方。国家电网某供电公司随后立即在官方微博上做出回应澄清"水厂停电不是变电站检修，而是水厂内部供电设备故障，某电网公司110千伏供电正常，是用户资产出现故障，公司正积极协助抢修"。直到8月7日12：00，A水业集团官方微博才明确使用"我司水厂内部产权供电线路（水厂至一级泵房取水口供电线路）因外力破坏导致停厂"接受事故原因。供电公司相关人员透露，水厂的工作人员不知道电缆埋在哪里，也不清楚是哪里被挖断了，停电前后，水厂从未联系过供电部门，供电公司全力协助水厂抢修。在该事件调查中，事故责任未及时划分，人民检察院、安监局、监察局三方均介入事故调查。本次停水事件中，供电公司在第一时间公开信息，澄清产权责任关系，有效化解了负面舆情危机。

有效应对措施

（1）该供电公司在电力设施产权归属问题方面责任分明，并第一时间进行问题通报有效地避免了过大方面的舆论产生，降低了舆情的扩散。

（2）管理部门会同相关专业，全过程指导事发单位做好舆情事件现场调查，第一时间联系客户，迅速查清事件真实情况，及时处理客户诉求、回应客户关切，并于24小时内完成调查处置报告，经管理部门审核后，报应急处置领导小组。

第7章 供电服务投诉管控

7.1 概述

7.1.1 供电服务投诉定义

供电服务投诉是指公司经营区域内（含控股、代管营业区）的电力客户，在供电服务、营业业务、停送电、供电质量、电网建设等方面，对由于供电企业责任导致其权益受损表达不满，在法定诉讼时效期限内，要求维护其权益而提出的诉求业务（以下简称"客户投诉"）。

7.1.2 正确认识客户投诉

1. 客户投诉的原因

客户对于供电服务的满意度未达到期望感受值。

2. 客户投诉的目的

（1）得到服务人员的尊重和理解。

（2）诉求能快速便捷地得到处理。

（3）能有一个满意、合理的说法。

（4）一定程度上的赔偿或补偿。

3. 客户投诉的价值

对于服务、产品或者沟通过程中的失误造成的客户投诉，采取积极、准确的行动化解，能够帮助企业重新建立信誉，提高客户满意度，使客户由不满到满意再到惊喜，维持客户的忠诚度。

7.1.3 供电服务投诉分类

客户投诉包括服务投诉、营业投诉、停送电投诉、供电质量投诉、电网建设投诉五类。

（1）服务投诉，指供电企业员工（不含抢修、施工人员）在工作场所或工作过程中服务行为不规范引发的客户投诉，主要包括服务态度、服务规范等方面。

（2）营业投诉，指供电企业在处理具体营业业务过程中存在工作超时限、疏忽、差错等引发的客户投诉，主要包括业扩报装、用电变更、抄表催费、电价电费、电能计量、业务收费等方面。

（3）停送电投诉，指供电企业在停送电管理、现场抢修服务等过程中发生服务差错引发的客户投诉，主要包括停送电信息公告、停电问题、抢修服务等方面。

（4）供电质量投诉，指供电企业向客户输送的电能长期存在频繁停电、电压偏差、电压不平衡、电压波动或闪变等供电质量问题，影响客户正常生产生活秩序引发的客户投诉，主要包括电压质量、供电可靠性等方面。

（5）电网建设投诉，指供电企业在电网建设（含施工行为）过程中存在农网改造违规收费、电力施工不规范等问题引发的客户投诉，主要包括供电设施、电力施工人员服务行为等方面。

7.1.4 供电服务投诉处理原则

1. 受理环节

（1）坐席人员要以维护单位形象为原则，以尊重客户、理解客户为前提。将心比心、换位思考，向客户表示歉意和理解。不推诿，做到首问负责制。

（2）受理客户投诉时，坐席人员应初步了解客户投诉的原因，安抚客户，做好解释工作，详细记录客户所属区域、姓名、联系电话、投诉内容、是否要求回复（回访）等信息。

2. 处理环节

（1）投诉调查处理内容应真实、准确、全面，符合法律法规、行业规范、规章制度等相关要求。

（2）地市、县公司在投诉调查结束后，对属实投诉应进行责任标记，基层单位对判定为单位责任的投诉不得考核个人。

3. 回访办结环节

坐席员回访客户时，应根据回单内容明确告知客户诉求处置情况，并如实记录客户意见和满意度评价。

7.2 供电服务投诉处理流程

7.2.1 受理环节

国网客服中心在客户挂断电话后 20 分钟内完成工单填写、审核、派单；省（市）公司接到"12398"等外部渠道转办的客户诉求，国网客服中心接到公司巡视办转办的投诉诉求及营销服务舆情后 20 分钟内完成工单录入；客户通过其他方式进行投诉的，国网客服中心应及时派发工单，相关要求参照"95598"客户投诉受理要求执行。

7.2.2 接单合理环节

省级供电公司接收客户投诉工单后应将工单转派至地市（县）公司，地市（县）公司应在 2 个小时内转派工单至专业部门处理。

7.2.3 处理环节

（1）地市、县公司从国网客服中心受理客户投诉（客户挂断电话）后 24 小时内联系客户，4 个工作日内调查、处理，答复客户，并反馈国网客服中心。如遇特殊情况，按上级部门要求的时限处理。

（2）各级单位对回单内容进行审核，对未对客户投诉问题进行答复或答复不全面，未提供投诉处理依据，违背公司相关规定或表述不清，逻辑混乱以及其他经审核应回退的工

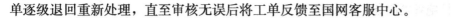

单逐级退回重新处理，直至审核无误后将工单反馈至国网客服中心。

7.2.4　回访办结环节

国网客服中心应在回单后1个工作日内完成回复（回访），如实记录客户意见和满意度评价，客户明确提出不需回复（回访）及外部渠道转办诉求中无联系方式的工单，不进行回复（回访）。回复（回访）时存在以下问题，应将工单回退：

（1）工单填写存在不规范。

（2）回复结果未对客户诉求逐一答复。

（3）回复结果违反有关政策法规。

（4）客户表述内容与投诉处理部门回复内容不一致，且未提供支撑说明。

（5）投诉处理部门对"95598"客户投诉属实性认定错误或强迫客户撤诉。

7.3　供电服务投诉典型案例

7.3.1　营销领域

1. 触碰底线、红线案例

【案例1】业扩管理不规范，有诺不践遭投诉

事件经过

8月6日某公司客户来电投诉，7月20日客户通过当地网格服务电话预约办理居民新装业务，工作人员与客户联系时表示当日有其他工作，要求客户将身份证和房产证复印件送到供电所，造成客户重复往返，引发客户投诉。

调查结果

客户反映情况属实。因工作人员当时有其他业务，没有现场收取客户资料，造成违背承诺，导致业扩报装超时限引发投诉。

政策依据

（1）违反《国家电网有限公司供电服务标准》7.1.2真心实意为客户着想，尽量满足客户的合理用电诉求。对客户的咨询等诉求不推诿，不拒绝，不搪塞，及时、耐心、准确地给予解答。

（2）违反《国家电网有限公司员工服务"十个不准"》（修订版）第六条不准漠视客户合理用电诉求，推诿、搪塞、怠慢客户。

（3）违反《国网河南省电力公司业扩报装"十个不准"》第五条不准要求客户提交公司规定以外任何资料，具备线上办电条件的客户跑趟不超过1次。

暴露问题

（1）工作人员责任心不强，工作中未真心实意为客户着想，未将客户需求放在首位。

（2）供电所业扩报装管理不规范，流程管控不到位。

整改措施

（1）建立优质服务保障机制，以满足客户需要为供电服务的出发点，围绕客户需求，规范服务行为，杜绝各类服务不良案例。

（2）规范人员服务行为，站在"人人都是营商环境"的高度，不断强化服务意识，提升客户感知度。

【案例2】业务交接不规范，线下流转惹投诉

事件经过：2021年5月25日客户来电反映，该客户于4月底到某供电营业厅，提交了身份证及房产证复印件，申请一块低压三相电能表用于居民用电，至投诉之日无人联系装表。

调查结果：经调查，客户投诉属实。该客户于2021年4月24日周六至营业厅申请电能表增容。工作人员李某核对客户资料后告知客户受理完毕，随后会有工作人员联系装表接电。李某当时并未将客户申请录入系统，也未与周日当值工作人员交接该户申请资料。4月26日至客户投诉之日，李某休产假，导致始终无人联系客户装表，超出承诺时限。

政策依据

（1）违反《国家电网有限公司供电服务"十项承诺"》（修订版）第六条获得电力快捷高效。低压客户平均接电时间：居民客户5个工作日，非居民客户15个工作日。高压客户供电方案答复期限：单电源供电15个工作日，双电源供电30个工作日。高压客户装表接电期限：受电工程检验合格并办结相关手续后5个工作日。

（2）违反《国家电网有限公司员工服务"十个不准"》（修订版）第三条不准无故拒绝或拖延客户用电申请，增加办理条件和环节。

（3）违反《国家电网有限公司供电服务标准》7.1.2真心实意为客户着想，尽量满足客户的合理用电诉求。对客户的咨询等诉求不推诿，不拒绝，不搪塞，及时、耐心、准确地给予解答。

（4）违反《国网河南省电力公司"放管服"改革业扩报装十项禁令》第十条办电业务未同步线上流转。

暴露问题

（1）规章制度执行不严格、学习掌握不彻底，未真正使服务规范、工作标准和员工行为规范落到实处。

（2）业扩报装管理不规范，流程管控不到位。

（3）工作人员职责意识不强，业务交接工作不规范。

（4）未及时将客户申请信息录入营销业务应用系统，线下流转。

整改措施

（1）认真学习公司规章制度，学习服务规范、工作标准和员工行为规范等优质服务相关文件。

（2）严格执行国家电网有限公司管理制度，将制度落到实处。

（3）增强人员服务意识，以客户为中心，多换位思考，想客户之所想，急客户之所急。

（4）加强员工休假业务交接管理工作，做好工作内部交接。

【案例3】柜台交费拒收现金，推诿搪塞引投诉

事件经过：客户来电投诉，当日 11：30 左右，到当地供电营业厅交电费时，工作人员拒收零钱，让客户去银行换取整钱，造成客户重复往返（查询系统中业务办理情况为交费方式：柜台支持现金交纳，不支持刷卡交纳；自助机支持刷卡交纳，不支持现金交纳）且客户表示之前出现过该情况，该工作人员一直存在态度不好的问题，请相关部门尽快核实处理。

调查结果：经调查，该情况属实。客户办理交费业务时，因收费人员认为客户提供的零钱太多，下班去银行存钱不便，要求客户去银行换取整钱再来交费，造成客户不满，引发投诉。

政策依据

（1）违反《国家电网有限公司员工服务"十个不准"》（修订版）第六条不准漠视客户合理用电诉求，推诿、搪塞、怠慢客户。

（2）违反《国家电网有限公司供电服务标准》7.1.2 真心实意为客户着想，尽量满足客户的合理用电诉求。对客户的咨询等诉求不推诿，不拒绝，不搪塞，及时、耐心、准确地给予解答。

暴露问题

营业厅收费管理不到位，工作人员服务意识淡薄，拒绝客户零钱交费，没能站在客户立场上为客户服务。

整改措施

（1）加强营业厅巡视巡查，及时发现问题、解决问题，避免客户投诉。

（2）加强工作人员业务培训，提升工作人员素质，禁止触碰红线。

2. 优质服务案例

【案例1】用数据来跑路，促办电加速度

基本情况：随着与政府数据实现共享，电力服务业务不断优化，增质提速。"刷脸办电"是深化便民服务、优化供电营商环境的新举措，是"网上国网 App"线上办电功能的优化再升级，功能使用覆盖全市城乡范围，凡是符合政策的居民用户均可享受到"刷脸即可办电"的新体验，实现居家也能办理业务。

服务过程："在家里用'网上国网 App'刷个脸就完成了业务办理，现在的服务越来越便捷了！"王女士通过"网上国网 App"办理了低压居民新装，对"刷脸办"赞不绝口。

取得成效：客户只要登录"网上国网 App"刷一下脸，经实名认证和确认授权后，系统就会自动获取客户姓名身份信息、不动产登记等用电报装信息，一次完成客户用电申请受理，整个过程安全、简便、快捷、高效。

【案例2】"我要找电工"服务更便捷

基本情况：实现网格化"一对一"全程上门服务，进一步提高服务精准度和便捷性。

服务过程："这是我们供电公司最新推出的'我要找电工'小程序，打开后能根据定位快速找到所在网格客户经理，您有什么用电问题很快就能解决。"某市供电公司工作人员深入居民小区对该小程序进行宣传，积极服务客户安全用电。客户通过扫专用二维码或在微信中搜索该小程序，打开界面后小程序主动定位，根据客户当前位置推送客户经理头像、联系方式、所属供电所，如有问题可拨打电话进行业务办理或故障报修。

取得成效：该小程序及时解决了有用电问题不知找谁的难题，真正做好客户诉求及时处理，前移服务端口，打通供电服务"最后一公里"，让客户享受指尖上的服务。

【案例3】走村入户服务光伏发电客户

基本情况：某市供电公司组织光伏电站服务队队员入村讲解发电设备维护知识和安全注意事项，并对光伏电站发电设备进行全面检查和维护，确保光伏电站设备安全可靠运行和满负荷发电。

服务过程："现在阳光还不太充足，光照时间短，多擦擦光伏板有助于提高发电量。"该光伏电站服务队队员向客户讲解道。近年来，为全力服务当地光伏产业发展，该供电公司组建成立了光伏电站服务小分队，通过在线调取用电信息采集系统，监测光伏电站运行数据，结合电站装机容量、安装地点等因素，按周期分析电站上网电量数据，研判光伏设备运行情况，做好光伏发电管理维护工作。同时，根据电站运行情况，合理安排工作人员检修试验，定期组织人员上门对配电柜、计量装置、光伏板等光伏发电设备进行检查，及时解决光伏电站运行中出现的问题，帮助村级光伏电站和村民光伏用户获得更多的"阳光收益"。

取得成效：该公司光伏电站服务队已为光伏发电客户义务"体检"90余次，发现并协助处理缺陷隐患12处。主动为客户开展现场勘查、提供接电方案，上门指导客户光伏设备的接入与并网，为分布式光伏发电并网及结算铺好路、服好务，让阳光照亮百姓致富路，发挥电网企业优势助力乡村振兴。

7.3.2　生产领域

1. 触碰底线、红线案例

【案例1】到达现场超时限，故障升级惹投诉

事件经过：客户两次拨打"95598"报修单户停电，均无抢修人员到达现场，超出供电抢修人员到达现场要求时间：城区范围内45分钟时限，且报修期间抢修人员告知客户稍后会去处理，不让客户拨打"95598"电话。客户表示不满投诉，并四次拨打"95598"催办。

调查结果：经调查，客户投诉属实。工作人员正在其他现场进行抢修工作，导致未能在规定时限内及时到达现场。

政策依据

违反《国家电网有限公司供电服务"十项承诺"》（修订版）第三条快速抢修及时复电。提供24小时电力故障报修服务，供电抢修人员到达现场的平均时间一般为：城区范围45分钟，农村地区90分钟，特殊边远地区2小时。到达现场后恢复供电平均时间一般为：城区范围3小时，农村地区4小时。

暴露问题

（1）工作人员没有按照规定时限到达现场。

（2）工作人员沟通能力欠缺，在其他工作未完成情况下，没有及时与客户联系，取得客户的谅解。

整改措施

（1）提高抢修工作人员风险防范能力，若因现场抢修无法安排，应与客户沟通获得客户谅解后，约定抢修时间。

（2）开展抢修人员服务意识、服务规范培训，提高沟通协调能力，避免投诉发生。

【案例 2】供电半径超范围，电压过低遭投诉

事件经过：客户投诉电压低已有五六年时间，且一年中四五个月持续电压低，影响正常生活。

调查结果：经调查，客户反映情况属实。客户房屋距变压器位置远，超出供电半径，导致供电末端在夏、冬季负荷高峰时引起低电压。

政策依据

（1）违反《电力供应与使用条例》第三十四条供电企业应当按照合同约定的数量、质量、时间、方式，合理调度和安全供电。

（2）违反《国家电网有限公司供电服务"十项承诺"》（修订版）第一条电力供应安全可靠。城市电网平均供电可靠率达到 99.9%。居民客户端平均电压合格率达到 98.5%，农村电网平均供电可靠率达到 99.8%，居民客户端平均电压合格率达到 97.5%，特殊边远地区电网平均供电可靠率和居民客户端平均电压合格率符合国家有关监管要求。

暴露问题

（1）配电网基础薄弱，随着用电负荷的增长，台区容量不足，线路设施老化，供电电压偏低，不符合设计要求等问题凸显，但相关单位未能尽快落实改造计划。

（2）相关单位、人员缺乏服务意识及投诉风险防范意识，不能想群众所想，急群众所急。

整改措施

（1）持续抓低电压治理，加大改造力度，不断夯实电网基础。应及时将老旧台区列入改造计划，采取新增变压器、负荷分流等技术措施解决电压低问题。

（2）将低电压、频繁停电等问题列入漠视侵害客户利益问题，持续提升供电服务水平，聚焦群众最关心、最直接、最现实的利益诉求，不断改善人民群众用电体验，提高人民群众电力获得感。

2. 优质服务案例

【案例】突发故障引停电，危机处置获称赞

基本情况：供电所在突发故障停电时，多方协同配合，开展危机处置，迅速恢复供电，确保舆情平稳，避免客户投诉。

服务过程：8月9日16:10，某乡镇突然停电，多个小区居民用电受到影响。当地供电所所长接到调度中心电话后立刻启动应急预案，同时向"95598"服务班组报备，"95598"服务班组及时发布停电信息，对停电范围内的客户发送短信告知。供电所派出值班抢修小组巡查线路开展故障排查，所长迅速回到工作岗位组织调度，网格客户经理迅速到停电现场做群众安抚工作，利用客户服务微信群及时公布停电信息。网格客户经理发现不少居民因家中炎热难耐聚集在街头，情绪激动，表示要投诉供电公司。供电所所长了解到现场情况后，立刻赶往现场安抚："各位，供电所正在全力寻找故障点，我们已经在各个小区和街道居委会的电力服务微信群里发布了故障停电信息，之后我们也会把停电原因、抢修进度及预计送电时间发在微信群里，方便大家随时了解情况。请放心我们会尽快恢复供电。"群众情绪这才慢慢平静下来。

经巡查发现，此次故障是由于房地产施工队野蛮施工导致电缆受损造成主线跳闸停电，供电所所长通过与调度中心积极协调，制订转供方案，很快恢复了故障点居民供电，缩小了停电范围。供电公司高效率的工作获得了小区居民的好评。此次抢修公司领导高度重视，通过调配工程施工人员支援和协调周边供电所提供抢修材料等举措，解决了现场因抢修人员不足、材料不充裕造成的抢修进度缓慢问题，缩短了故障停电时间。经过统一指挥和抢修人员的奋战，终于提前2个小时修复了受损的10千伏电缆线路，不仅没有造成舆情事件，还得到了政府部门肯定。

取得成效：供电所在故障抢修、重要事件报备、停电信息发布、客户安抚等方面，组织有力，多方协同配合，圆满解决长时间、大面积停电事件，不但没有发生负面舆情和投诉，还得到了群众认可和政府肯定，体现了供电所过硬的业务素质和强大的危机处理能力。

7.3.3 建设领域

1. 触碰底线、红线案例

【案例1】施工承诺未兑现，意见工单引投诉

事件经过：某客户通过"12398"热线反映供电公司施工人员砍伐客户树木，赔偿款项承诺未兑现。

调查结果：经调查，客户反映情况属实。客户前期拨打"95598"热线电话反映该地点进行高压架线施工，造成客户20棵树被砍伐，供电公司未与其协商赔偿问题。供电公司回复因前期施工任务较多，目前正在清算赔偿款项，预计6月21日前彻底处理。7月18日，客户通过"12398"投诉该问题供电公司未给予解决。因供电公司施工负责人生病住院导致赔付时间推迟，承诺未兑现，目前供电公司已将赔付款赔付给客户。

政策依据

（1）违反《国家电网有限公司员工服务"十个不准"》（修订版）第六条不准漠视客户合理用电诉求，推诿、搪塞、怠慢客户。

（2）违反《国家电网有限公司供电服务规定》5.4.6.4 应遵守客户内部有关规章制度，

尊重客户的民族习俗和宗教信仰。如在工作中损坏了客户原有设施，应恢复原状或等价赔偿。

暴露问题

（1）施工人员缺乏服务观念，推诿、搪塞客户，客户反映问题未及时得到解决，对客户合理诉求不重视，缺乏敏感意识。

（2）供电公司施工赔偿流程执行不规范，未按照约定时间赔付客户。

整改措施

（1）加大施工管控力度，针对施工人员实施积分管理和黑名单制度。

（2）施工前签订赔偿协议，施工过程中损害客户利益时，应及时与客户沟通并处理，防止因赔偿不及时引发投诉。

【案例2】设备位置不合理，违反承诺引投诉

事件经过：10月13日客户来电反映，要求移走供电企业产权的线杆，供电所回复线杆已移走。10月30日客户再次来电，投诉线杆仍未移走。

调查结果：经调查，客户反映情况属实。供电企业产权的线杆占据客户宅基地，影响客户建房，10月13日客户向"95598"热线电话反映，供电所工作人员杨某答复第二天将电杆移走，并将工单按已处理回复。但供电所人员疏忽，未及时处理，导致客户反映的问题未得到解决，存在投诉外溢风险。现已安排相关人员进行电杆迁移工作。

政策依据

（1）违反《国家电网有限公司员工服务"十个不准"》（修订版）第六条不准漠视客户合理用电诉求，推诿、搪塞、怠慢客户。

（2）违反《国家电网有限公司供电服务标准》7.1.1严格遵守国家法律、法规，诚实守信、恪守承诺。

暴露问题

（1）供电所人员服务意识淡薄，工作责任心不强，对客户服务诉求不能积极响应。

（2）供电所工作人员，言行过于随意，对客户违反承诺。

（3）供电所规章制度执行不严，工单回复造假。

整改措施

（1）加大供电所员工供电服务知识和技能培训，树立以客户为中心的服务理念。

（2）加强供电所规章制度宣贯，严禁出现违规造假现象发生。

2. 优质服务案例

【案例】营配联动先改造，供电可靠获赞誉

基本情况：工作人员在巡线过程中，发现某线路、设备出现老化现象，有发生故障停电风险。为避免影响居民用电，提升供电可靠性，供电公司主动作为，开展配电网设备改造工作。

服务过程：公司开展改造工作部署会，将停电信息通过业主微信群、小区张贴停电通

147

知等渠道告知客户；相关部门配合有力，进度有序，提前圆满完成改造计划，得到客户好评。

取得成效：供电公司主动作为，通过营配联动、舆情防控、人力物料合理配置、重要敏感客户负荷现场保电等方式开展改造工作，完成改造后大幅提升了供电可靠性，提高了居民获得电力满意度。

7.4 投诉降级管控手段——"95598"特殊客户管理

7.4.1 定义

特殊客户是指因存在骚扰来电、疑似套取信息、恶意诉求、不合理诉求、窃电或违约用电、拖欠电费等行为记录而被列入差异服务范畴的客户。

7.4.2 分类

特殊客户分类如下。

（1）骚扰来电客户。屡次致电"95598"无故谩骂或骚扰客服专员的客户（同一号码累计发生2次及以上骚扰来电）。

（2）疑似套取信息客户。频繁致电"95598"查询咨询不同用户用电信息或基础档案信息的客户（30天内累计同一电话查询咨询涉及不同客户用电信息或基础档案信息大于等于5户，公共服务设施用电信息批量查询咨询除外）。

（3）恶意诉求客户。为达个人目的，隐瞒身份或捏造事实，向"95598"反映问题的客户（符合第五类重要服务事项报备）。

（4）不合理诉求客户。供电公司已按相关规定处理并答复，但提出超出国家有关规定诉求的客户（符合第四类重要服务事项报备）。

（5）窃电或违约用电客户。存在非法占用电能、危害供用电安全或扰乱正常供用电秩序行为的客户（365天内营销业务应用系统中存在窃电或违约用电记录）。

（6）拖欠电费客户。屡次发生逾期交费或不交费行为的客户（180天内执行过两次及以上欠费停电操作或有过两次及以上违约金记录）。

7.4.3 应用案例

【案例1】电压（频率）长时间异常类意见工单

客户诉求为红线问题，客户有投诉意愿。客户反映某地点2—3年时间内电压（频率）长时间低，具体现象为：空调、冰箱无法正常使用等，请相关部门尽快核实处理。

案例分析：客户诉求涉及红线问题且有投诉意愿，结合供电质量类投诉判定要点，符合投诉下派标准。但经查询系统，该客户关联有第四类重要服务事项报备（为精神异常客户），属于不合理诉求特殊客户，故投诉降级改派意见工单。

【案例2】频繁停电类意见工单

客户投诉，该地点近两个月内，出现十几次停电，影响居民正常生活，已按照重要服务事项报备解释，客户不认可，要求尽快送电，请相关部门尽快核实处理。

案例分析：客户诉求涉及红线问题且有投诉意愿，结合供电质量类投诉判定要点，符合投诉下派标准。但经查询系统，该客户属于窃电类特殊客户，在 365 天内存在窃电记录，故投诉降级改派意见工单。

7.5 投诉事前管控手段

7.5.1 重要服务事项报备

1. 背景

为进一步加强服务风险防范、穿透典型问题、降低客户投诉，实现供电服务薄弱环节逐步消除、投诉持续下降、客户满意度不断提升的目标，国家电网有限公司主动开展服务风险预警，做好重要服务事项报备工作，完善敏感服务事项响应处理机制。

2. 定义

重要服务事项是指在供用电过程中，因不可抗力、配合政府工作、系统改造升级等原因，可能给客户用电带来影响的事项，或因客户不合理诉求可能给供电服务工作造成影响的事项。

3. 适用范围

（1）一类报备。配合军事机构、司法机关、县级及以上政府机构工作，需要采取停限电或限制接电等措施影响供电服务的事项。它包括安全维稳、房屋拆迁、污染治理、产业结构调整、非法生产治理、紧急避险等对电力客户中止供电或限制接电的事项，以及地市级及以上政府批准执行的有序用电（需求响应）等。

（2）二类报备。因系统升级、改造无法为客户提供正常服务，对供电服务造成较大影响的事项。它包括营销业务应用系统、"网上国网"、网上营业厅、充电设施大面积离线、"e 充电" APP 异常等面向客户服务的平台及第三方支付平台。

（3）三类报备。因地震、泥石流、洪水灾害、龙卷风、山体滑坡、森林火灾，以及经县级及以上气象台、政府机关部门发布的符合应用级别的预警恶劣天气造成较大范围停电、供电营业厅或第三方服务网点等服务中断、无法及时到达服务现场，对供电服务有较大影响的事项。

（4）四类报备。供电公司确已按相关规定答复处理，但客户诉求仍超出国家有关规定的，对供电服务有较大影响的最终答复事项。它包括青苗赔偿（含占地赔偿、线下树苗砍伐）、停电损失、家电赔偿、建筑物（构筑物）损坏引发经济纠纷，或充电过程中发生的车辆及财物赔偿等各类赔偿事件引发的纠纷；因触电、电力施工、电力设施安全隐患等引发的伤残或死亡事件；因醉酒、精神异常、限制民事行为能力的人提出无理要求；因供电公司电力设施（如杆塔、线路、变压器、计量装置、分支箱、充电桩等）的安装位置、安全距离、施工受阻、噪声、计量装置校验结果和电磁辐射引发纠纷，非供电公司产权设备引发纠纷；因员工信贷问题、已进入司法程序或对司法判决结果不认可引发的纠纷问题。

（5）五类报备。因私人问题引起的经济纠纷、个人恩怨、用户不满处罚结果，可能引起的恶意投诉事项。

4. 应用案例

【案例1】频繁停电类意见工单

客户张女士来电投诉，该地点周围小区近两个月停电5至6次，严重影响居民正常生活，客户要求尽快处理频繁停电问题。经系统查询有4次掉电记录，因该地点有2次恶劣天气报备，核减后实际停电2次。

案例分析：依据频繁停电投诉判定要点，客户为供电公司客户，来电投诉本地两个月内停电3次及以上。经查询系统内该10千伏线路无投诉且非新小区内部漏电保护器缺失导致，符合投诉下派标准，但因恶劣天气类重要服务事项报备核减后两个月内停电不足3次，故派发意见工单。

【案例2】营业厅服务类意见工单

客户拨打"95598"电力服务客服电话，反映当天到当地供电营业厅办理业务，工作人员存在态度不好问题，请相关部门尽快核实处理。具体情况为：客户去该地址营业厅咨询停电情况，工作人员王某（穿工服，戴工牌）对客户说："就这样你管得着吗！"该工作人员说："你去啊，谁怕谁啊。"现在客户来电要求投诉。

案例分析：客服专员受理客户来电投诉诉求时，工作系统受理页面根据客户来电号码自动弹出的关联重要服务事项报备，报备内容表明客户与被投诉工作人员存在信贷纠纷关系，该报备在有效期限内。根据相关派单标准，降级派发意见工单。

7.5.2 知识库

1. 知识定义

（1）供电服务知识是为支撑"95598"供电服务、充电服务及"电e宝"服务，规范、高效解决客户诉求，从有关法律法规、政策文件、业务标准、技术规范中归纳、提炼形成的服务信息集成，以及为提升"95598"供电服务人员的业务和技能水平所需的支撑材料。

（2）供电服务知识管理应遵循"统一管理、分级负责、及时更新、持续改善"的原则，主要内容包括：知识采集发布、知识下线、分析与完善。

2. 知识库应用成效

省（市、县）公司在供电服务过程中，如发现有部分工单是对本单位某一电力知识有相同或类似的疑问，可收集相关知识报送知识库，减少工单下派量。

例如，某市采暖季期间，部分煤改电客户反映电采暖消费券无法使用，经核查，由该市冬季清洁取暖工作领导小组统一对今年采暖季用户免费发放实名"电采暖消费券"，该电采暖优惠券非供电公司发放，供电公司未收到该市冬季清洁取暖工作领导小组的优惠券使用通知，随后对此问题进行知识采集及报送入库，使客服人员能够在第一时间内解决客户此类问题，减少了工单派发。

3. 应用案例

【案例1】未接收转供电信息更新及时，投诉未下派

客户来电投诉某小区近两个月内，出现三次以上频繁停电，但最终未派发投诉工单。经核实，该小区为专变客户，由小区物业管理并收取居民电费，客户停电为小区内部故障。

案例分析：客服专员受理客户诉求时，通过知识库查询到该小区信息已被录入"未接收转供电客户信息"中，客服专员依据知识库判断该小区为非直供用户，小区内供电设施非供电公司产权维护范围，故未下派投诉工单。

【案例2】营业厅网点信息维护不准确，引发客户投诉

客户到营业厅办理农田灌溉卡充值业务，工作人员业务不熟练导致客户多次往返，且告知客户仅受理现金充值。与知识库营业网点信息中业务受理范围描述不一致，派发投诉工单。

案例分析：工单回复内容为因系统原因导致农排售电模块不支持扫码充值，只能现金充值。经核实，知识库"供电营业厅网点信息"显示，该营业厅柜台支持客户刷卡、转账或进账，现金交费，自助机支持刷卡交费，与实际不符。建议工作人员加强业务学习，注重与客户的沟通和疏导，同时做好地市差异知识维护，避免因业务不熟练、解释不到位引发客户投诉。

投诉是一个非常正常的现象，也是公民维权的一种方式。适当的投诉，有助于我们不断发现自己的弱点与症结，帮助我们思考、改进与完善。任何企业都无法回避客户的投诉，在投诉中成长是很多优秀企业的文化内涵之一，客户的投诉浓缩了企业产品或服务的所有问题与不足，当产品或服务发生问题时，最好、最直接、最有效的办法就是处理好投诉。从某种意义上来说，客户的投诉是一座宝藏，利用得当，不但可以消除客户的不满，还可以将其变成忠诚的粉丝。客户的投诉还是企业管理的一面镜子，它可以反射出企业自身不易发现的问题，正确地处理这些问题，才能使企业健康发展。所以说，处理好投诉是我们要掌握的一门艺术。

第 8 章　服务事件应急处置

8.1　负面事件化解不作为

风险描述：

（1）未建立服务事件应急处理机制，未及时、有效处置负面事件。

（2）恶意隐瞒或未及时上报负面事件。

政策依据：《国家电网公司电力服务事件处置应急预案》。

8.2　客户诉求处理不当

风险描述：

（1）未按照投诉、举报处理时限要求，及时联系、处理并答复客户。

（2）投诉、举报处理过程中不积极、不规范，或是内部推诿、敷衍了事，造成客户矛盾上升。

（3）处理结果未以事实和法律、法规为依据，回复弄虚作假、规避供电公司责任的，损害客户的合法权益或供电公司利益。

（4）未执行保密、回避制度，泄露投诉举报人信息。

（5）属实投诉举报整改措施落实不到位，未能将处理措施落实到位，未能通过举一反三，减少客户投诉。

政策依据：《国家电网有限公司供电服务"十项承诺"（试行）》《国家电网有限公司员工服务"十个不准"（试行）》《国家电网有限公司 95598 客户服务业务管理办法》。

8.3　新闻舆论应对不及时

风险描述：

（1）新闻采访未能主动正面应对。

（2）新闻素材未能正面统一出口。

（3）报道方式未能主动沟通化解。

（4）社会舆论未能及时澄清。

（5）新闻舆论事件信息未能及时上报。

政策依据：《国家电网公司电力服务事件处置应急预案》。

8.4　自然灾害风险

风险描述：

（1）地震、洪水、风暴、雪灾等自然灾害可能导致电力设施受损、停电等问题。

（2）极端气候条件可能导致电力系统运行风险增加，如高温、低温、大风、暴雨等。

（3）地质条件可能导致电力设施受损或安全隐患，如地震、滑坡、岩溶等。遇到自然灾害风险在进行供电服务事件应急处置方面的工作时，需要遵循相关法律法规和政策规定，并根据实际情况制定相应的应急预案和应对措施，以提高供电服务水平，保障电力供应，提高客户满意度。

政策依据：《中华人民共和国突发事件应对法》《国家处置电力事故灾难预案》《国家电网有限公司供电服务标准》《电力设备监造及验收导则》。

8.5　电力设施事故

风险描述：包括电力设施故障、爆炸、火灾等事故，可能导致电力中断、设备损坏等问题。

（1）设备故障：由于设备老化、操作不当或自然灾害等原因，电力设施可能出现故障，导致停电或供电不足。

（2）人员疏忽：电力设施的运行和维护通常由专业人员进行，但由于操作或监督不当等原因，可能导致事故发生。

（3）环境因素：如天气、地理条件、土壤和水质等环境因素，可能对电力设施产生影响，导致设备故障或损坏。

（4）自然灾害：如地震、洪水、飓风等自然灾害，可能对电力设施造成破坏，导致停电或供电不足。

（5）供需失衡：电力需求和供应之间的不平衡可能导致电力设施超负荷运行，从而引发事故。

政策依据：国家对电力设施安全和维护有着明确的行业标准和规定。例如，国家电网有限公司颁布了《国家电网公司十八项反事故措施》，对电力设施的安全和维护提出了具体要求。

政府出台了一系列与电力设施安全和维护相关的法律法规，如《中华人民共和国电力法》《电力设施保护条例》等。

8.6　突发社会安全事件

风险描述：

（1）大规模恐怖袭击：恐怖袭击可能会导致大范围的电力设施受损或中断，例如炸弹袭击、火灾等。这些事件通常会造成大量的人员伤亡和财产损失，并对供电服务产生极大影响。

（2）大规模停电事件：大规模停电事件可能会导致电力系统的稳定性和安全性受到威胁，从而影响供电服务。这种事件可能是由于自然灾害、技术故障或其他原因引起的。

（3）供电设施受损：在一些突发社会安全事件中，电力设施可能会受到破坏或损坏，例如炸弹袭击、地震等。这些事件可能会导致电力系统无法正常运行，从而影响供电服务。

（4）社会不稳定因素：在一些突发社会安全事件中，社会不稳定因素可能会导致供电系统的中断或故障，例如暴力活动、恐慌情绪等。供电公司应该定期组织应急演练和训练，提高员工的应急处置能力和协调配合能力。如没有定期组织应急演练和训练，员工的应急处置能力和协调配合能力较弱，这些事件可能会对供电服务产生极大影响。

政策依据：《中华人民共和国突发事件应对法》第三十二条县级以上地方各级人民政府应当加强对突发事件应对工作的领导，建立健全突发事件应对工作体系和机制，制定突发事件应急预案，为居民委员会、村民委员会、企业事业单位、社会团体、学校等单位配备专职或者兼职应急救援人员、负责人，组织、协调有关部门、专业队伍和志愿者参与突发事件应对工作。